DINASTIA DAS SOMBRAS

Carlos Alberto Luppi

DINASTIA DAS SOMBRAS

O HOMEM QUE MATOU JESUS CRISTO

EDITORA RECORD
RIO DE JANEIRO • SÃO PAULO

2006

CIP-Brasil. Catalogação-na-fonte
Sindicato Nacional dos Editores de Livros, RJ.

Luppi, Carlos Alberto, 1950-
L986d   Dinastia das sombras: o homem que matou Jesus Cristo / Carlos Alberto Luppi. – Rio de Janeiro: Record, 2006.

ISBN 85-01-07470-5

1. Ficção brasileira. I. Título.

06-1535
CDD – 869.93
CDU – 821.134.3(81)-3

Copyright © Carlos Alberto Luppi, 2006

Capa: Richard Verdoorn/Estereo Design

Todos os direitos reservados. Proibida a reprodução, armazenamento ou transmissão de partes deste livro, através de quaisquer meios, sem prévia autorização por escrito.

Direitos desta edição adquiridos pela
EDITORA RECORD LTDA.
Rua Argentina 171 – Rio de Janeiro, RJ – 20921-380 – Tel.: 2585-2000

Impresso no Brasil

ISBN 85-01-07470-5

PEDIDOS PELO REEMBOLSO POSTAL
Caixa Postal 23.052
Rio de Janeiro, RJ – 20922-970

EDITORA AFILIADA

Agradecimentos

A Joaquim Borges, que não teve medo de apontar o caminho da verdade. Autor de *Operação anti-guerrilha*, comoveu-se com a história de um "monstro" que nunca existiu. Sua coragem e determinação foram essenciais, além de uma poderosa fonte de inspiração e motivação.

A Paulo Antônio, Beatriz Gomes, Sheila e Sabrina. Onde quer que estejam, nada foi em vão.

A Fernando Zuba, de *O Estado de Minas*, pelos eficientes relatos de época abordando o "dia-a-dia da caçada ao monstro", em 1972.

A Ailin Aleixo, da revista *Vip*, e a Sergio Couto, autor de *Sociedades secretas*, por meio dos quais pude confirmar algumas informações e teorias.

A Dr. Marcos Benedito (Bené), meu querido amigo, que, com total entusiasmo, me acompanhou na visita ao Manicômio de Barbacena.

A Dr. Armando Campos, pela coragem em defender a verdade e promover a Justiça.

A Paulo Roberto Gomes de Oliveira, pelo permanente incentivo.

A Ana Gouveia, pelo apoio e suporte técnico.

6   CARLOS ALBERTO LUPPI

A Simonetta e Carolina, pela preciosa colaboração diária e importantes sugestões.

A Andréia Amaral, Ana Paula Costa e Marina Vargas, pelo apoio e total colaboração na edição.

A Lia Junqueira, eterna amiga e incentivadora

Para o mestre Daisaku Ikeda com carinho e gratidão; por todos os seus esforços pela paz mundial.

Para meus pais Arnaldo e Paulina, com amor

"Venho afirmando que nossa missão na sociedade é empregar o espírito que brota das profundezas da vida para lutar contra as forças do mundo — violência, autoritarismo, materialismo — que continuam a violar a dignidade humana. A essência desta batalha espiritual está em jamais perder a fé na força das palavras, em permanecer comprometido com o diálogo em quaisquer circunstâncias. Há uma diferença chave entre o Mal e a Justiça. O Mal não necessita que aqueles a quem destrói entendam sua natureza, enquanto a Justiça não pode prevalecer sem ser compreendida... Não devemos nos calar; permitir que o Bem seja silenciado é favorecer o Mal... Vamos perfurar as muralhas da escuridão... Não podemos permanecer passivos diante da realidade severa. Devemos confiar que o poder humano é ilimitado, que o dinamismo da mudança é invencível, que as pessoas conscientes se unem e atuam de mãos dadas. A Humanidade do século XXI tem a missão de comprovar esta verdade."

(Daisaku Ikeda, mestre humanista e pacifista, fundador e
presidente da Soka Gakkai Internacional, no texto
de sua proposta de paz encaminhada à ONU em 2003:
"Por uma ética global de coexistência")

Nota do Autor

O leitor poderá, eventualmente, estranhar em algumas partes a permanência de textos que possam ser considerados errados ou de formulação não muito clara e até complexa. Isto invariavelmente está relacionado a expressões, frases, pensamentos e manifestações retiradas de partes dos processos judiciais que envolveram e envolvem a história real investigada, utilizada como pano de fundo dessa obra. Sempre que possível, eles foram mantidos tal como se apresentam nos diversos processos e inquéritos existentes.

"PODE UMA PESSOA ESTAR EM DOIS
LUGARES AO MESMO TEMPO E
TER COMETIDO UM CRIME
NUM DELES?"

JURUENA — MATO GROSSO — AMAZÔNIA

A noite anterior, consumida de maneira avassaladora.

Drogas, bebidas, chá de jagube, sexo e nenhuma paixão.

Folhas de ayahuasca trituradas, risadas, euforia e sordidez.

Corpos extenuados, nus e molhados rolando pelo chão de madeira maciça, batendo, como barco à deriva, pelos cantos, contornos, quinas e saliências do assoalho até um chute na porta que se escancara noite adentro, caindo pelas escadas da varanda, as línguas enroladas, as bocas, as pernas, os peitos, os músculos, os cabelos, o tesão desesperado. Temperado pelas culpas. E pela arrogância.

O rio Juruena reflete a estrelada noite de São João. Ele está logo ali impondo limites. Amplia a densidade da escuridão. Emite faíscas prateadas, como fogos a permear o desconhecido e os mistérios da vida.

Nada parece estar em desordem. Nem os estranhos sussurros saídos do fundo do rio. Espécie de magia, sombras inquietas que se comunicam com sofreguidão, tumultuadas em tempo e espaço, ilógicas até, em desatino.

A noite das margens, o medo da floresta. Este vento, viajante do silêncio, faz das suas, agoniza em vôos rasantes pelo rio afora. O rugido de um leão invade o espaço, faz tremer os pássaros noturnos que se manifestam inquietos e sonolentos. As águas a emitir sons perdidos nas próprias águas que tocam os barcos ali parados.

Tudo toca em tudo. Uma incômoda sinfonia perdida atravessa a solidão da Amazônia. Bem fundo, quase vácuo.

Um estranho vazio no coração do mundo.

Novamente, o rugido do leão. Sai do peito da mata, atinge o rio, emborca no vento e se perde no ar da madrugada. Assusta. O desconforto, quase pânico.

A mulher grita, o homem explode. Segundos de silêncio, o nada absoluto.

De novo, as risadas debruçadas sobre a nudez e a ironia escancarada. A sensação de liberdade nos labirintos deste pedaço da Amazônia. Parece não existir mais nada. Nem antes, nem depois, nem nunca. Nem sim, nem não!

O copo de uísque se parte em mil nas paredes da varanda.

O leão do circo Pegasus, enjaulado na praça descampada do povoado, a uns 900 metros daqui, demonstra, mais uma vez, toda a sua aflição. Muito trabalho, pouca comida. Ele já ficou famoso como o "leão da selva!". O único destas paragens.

O caçador de pé. Em miração. Ri de si mesmo, todo encharcado de areia e terra, folhas, caroços de frutas do mato. Vômito, muito vômito. E o quase vermelho do urucum nos olhos e nas mãos.

Bate no peito, apalpa a escuridão. O vagar difuso, o nada, o ninguém, o lugar algum. A pior coisa é a constatação do zero quase total, o dilema, o buraco negro. Nenhuma inocência, nenhuma pureza. Nenhuma estrela a buscar dentro de si mesmo.

Vê a mulher, nua e só, quase totalmente jogada sobre um dos barcos da margem.

A iluminação, vinda da varanda, é fraca, quase implícita. Os olhos do caçador piscam no ritmo das águas do rio. Toscas e vagas lembranças espetam seu coração, como vodus que surgem em vários lugares da imaginação e do sonho, ao mesmo tempo, perturbados, sonsos, agressivos e loucos. E ele, meio anárquico e selvagem, ri, gargalha mesmo aos deuses da noite, plantados no céu profundo, azul.

Lembra-se da pergunta que marcara a discussão daquela noite no jantar a luz de velas — pacu assado na brasa do fogão a lenha — com a mulher morena, duas esmeraldas no rosto e seios de adolescente. Na verdade, um tema que, pode-se mesmo dizer, permeara a sua história, a jornada de sua vida entre luzes e sombras, holofotes e bastidores:

— Pode uma pessoa estar em dois lugares ao mesmo tempo e ter cometido um crime num deles?

Gargalha pela noite ao se encontrar de novo consigo mesmo, numa espécie de reflexão indesejada, e esconder no peito o choro de um quase inverossímil arrependimento. É claro. Não dá para mudar o passado, mas transformar o presente é possível. Possível?

Então, ele, exasperado, quebrara uma garrafa de Old Parr na cadeira da sala da casa de um amigo fazendeiro, às margens do rio Juruena, onde sempre foi hóspede freqüente, quase permanente. Resolvera, há uns tempos, se recolher no interior da Amazônia, Mato Grosso, para ser mais específico. Ali esperaria a vida passar. Será tão simples assim?

E os compromissos? Os ajustes? O trabalho de quase um guardião da fé!

Desta vez, seis dias na casa, aguardara a amante de sete anos, vinda de Brasília, recém-casada pela segunda vez, mulher de um empresário do Triângulo Mineiro. Morena, olhos verdes de fazer sonhar, mineira de Belo Horizonte, sensação à flor da pele, com trânsito livre na sociedade das grandes capitais do país.

A mulher, estendida a poucos metros, tem 42 anos, trinta a menos que ele, alto, olhos azulados, fala mansa e de pouca conversa.

Haviam se visto pela primeira vez no início da década de 70, ela com oito anos, esbanjando inocência agarrada na farda do pai. E ele, 38 anos, caçador famoso, já considerado um dos melhores do país, campeão de tiro, acostumado às aventuras no Quênia, nas florestas boreais do Canadá, nas montanhas da Colômbia e no Pantanal do Mato Grosso do Sul. De família rica do interior de Minas, experimentara a amizade e a confiança de políticos e dos grandes chefes da polícia da época. Fez carreira assim. Em meio a esta convivência, intercalada com caçadas, intensas aventuras e reuniões secretas pelo Brasil afora. Quatro "quês" marcados numa saliência do peito, como se fossem quatro "ós", uma espécie de senha de abertura para todas as portas. Uma permanente sombra sob a superfície de muitos acontecimentos dos últimos quarenta anos da história brasileira. Coisas de que até a imaginação duvida. Mistérios insondáveis, fatos inexplicáveis. Crimes, mortes, medo, intimidação e, sobretudo, manipulação.

Muitos anos se passaram. Até que eles, novamente, se encontraram no velório do pai dela, em Belo Horizonte. Uma cerimônia concorrida, com um dos maiores percentuais de gente importante por metro quadrado de que se tem notícia na capital mineira.

Depois disso, ela o descobriu metido numa aventura política no Pará, outra em São Paulo, no Grande ABC, também na Bahia, no Maranhão, no Rio de Janeiro, em Minas. E ainda outra no deserto do Atacama. Esteve atuante em acontecimentos diversos no interior do Paraguai e nas montanhas de Salgar, na Colômbia. Sempre onde deveria estar, mesmo sem ser percebido.

Ela não mais o perdera de vista. Desde a morte de seu pai, sabia tudo sobre ele, passo a passo, dia a dia.

Em 1998, ele se surpreendeu com a presença dela, assim sem mais nem menos, num famoso hotel do interior do Pantanal. Ele estava lá, convocado para uma reunião dos maiores caçadores do país. Ela chegara com o sol da manhã e o frescor de donzela num helicóptero de oito lugares. E ele na praia do rio, copo de uísque na mão, se sentindo o máximo em meio a uma natureza exuberante, cercado por jacarés dorminhocos que se esquentavam ao sol. O encontro, aparentemente casual, fora premeditado. E preparado por ela. Mais do que nunca, ela sabia que ia precisar dele, mais ainda, nos próximos anos. A qualquer momento.

"Ele é de fato um grande comandante. E raro. É disciplinado, duro e inflexível no objetivo. Ao mesmo tempo, aparenta ter um coração de ouro. Orgulhoso de sua competência, elevada auto-estima, grande poder de convencimento e capaz de se locomover com rapidez e extrema precisão. Um grande mestre da manipulação. E além disso, é bom de cama!", pensara ela, em meio a uma noite de olhares e sedução escancarada.

A partir daí, tornaram-se amantes. Inquietos, irregulares e ocasionais. O rio Juruena se tornou o cenário preferido de uma relação que mescla interesse e tesão. Nesta ordem. Nos últimos meses, o hidroavião pilotado por ela pousara ali, poucas vezes. A mulher com muitos compromissos pelo Brasil. E ele em busca de uma espécie de expiação dos pecados do passado. Primeiro na cientologia, como estrela de Hollywood, se achando geneticamente superior, parido por alguma civilização extraterrestre, como um Aphophis reinando sobre a escuridão, testado, sem um gemido sequer, pelas picadas e pela crueldade das tocanderas na nação dos Sateré-Mawé. As famosas formigas usadas nas cerimônias que simbolizam a entrada dos índios jovens no universo definitivo dos machos adultos. Depois, nas mirações do Santo Daime, tentando fazer da natureza uma tábua de salvação de si mesmo. Uma tentativa muito própria de justificar sua trajetória de aventuras. Esta confusão mental-espiritual o fascinava e o atordoava, ao mesmo tempo. Mas nada que o impedisse de exercitar sua certeza de ser um permanente iluminado, abençoado por seres superiores de alguma parte do Universo, sentindo-se responsável pela proteção do povo e da Pátria.

— Minhas razões estão corretas, eu tenho uma missão a cumprir e existe um Poder maior e, ainda por cima, eu sou um cara legal! — acostumou-se a pensar.

O vento, tom de solidão, sopra as folhas e levanta devagar a névoa da madrugada. Uma espécie de tapete de algodão cobre as margens.

De novo, o rugido do leão, o rio seguindo sua vida, tons prateados bailando a imaginação no interior das águas.

A mulher estendida, meio corpo nu sobre o barco.

A luz fosca bate no peito do caçador. Ele mira a escada que vai dar na varanda da casa.

— Em dois lugares ao mesmo tempo...!

Tropeça e cai. O chão de madeira está coberto de sangue. A areia da margem do rio também. Hoje já é 25 de junho.

"VOU LHE DAR UMA BOA NOTÍCIA. VOCÊ VAI SAIR DAQUI, ORLANDO."

UBERABA — MINAS GERAIS
CENTRO DA CIDADE
10 DE JUNHO DE 1980
16h45

Na vitrine da Livraria Triângulo, lê-se:

"LIVROS COM 100% DE DESCONTO. APROVEITE!"

O jovem tira os óculos escuros para ver se o que está lendo é real. Verdade.

Entra. Por ali fica durante 40 minutos. Folheia livros e observa se alguém se interessará pela inédita promoção. Todos, absolutamente todos os livros, estão "com 100% de desconto!" A livraria está vazia. Algumas pessoas param na vitrine, lêem o anúncio da promoção, mas não entram.

O jovem se dirige ao gerente:

— É 100% de desconto mesmo? Não é 10% não?

— Não, é de graça mesmo!

— Ninguém apareceu interessado? Tem tantas obras interessantes...

— É... ninguém! Livraria do interior é assim mesmo! É duro de aceitar, mas é a realidade, estamos fechando... o dono desistiu desse sonho inviável!

— Que livretos são estes?

— São livretos variados. Tem um aqui que é bem interessante. Escrito por um cara aqui de Uberaba, autor de grande valor e seriedade profissional.

O gerente pega o pequeno livro, feito com folha de papel de jornal, e mostra.

— É uma história estranha de um pobre coitado acusado de não sei quantos crimes...

24 CARLOS ALBERTO LUPPI

O jovem pega o livreto e lê: "Operação Antiguerrilha."
Dá uma folheada no texto de 40 páginas enquanto o gerente fala:
— Se você quiser falar com o autor, eu sei onde ele mora.

UBERABA — SUBÚRBIO
RUA DE TERRA BATIDA
11 DE JUNHO DE 1980
15h

O táxi pára na casa de número 4.
Simples, típica do interior.
O jovem salta, bate palmas.
Na janela, uma senhora de cabelos brancos.
— Boa tarde! É aqui a casa do Sr. Ulisses?
— Sim. Quer falar com ele? Um momento, vou ver.
Sentado na varanda da casa, Ulisses, 40 anos, sotaque mineiro, fala, gesticula:
— Estive com ele no final do ano passado. É um morto-vivo. O que fizeram com ele foi uma loucura total! Mas acabei tendo que calar a boca. Comi o pão que o diabo amassou depois que entrei nessa história. O homem não tem nada a ver... Tenho certeza que é uma farsa. Ainda sofro com isso até hoje... Já pedi ao tribunal para soltá-lo. Até agora nada... ninguém diz nada...
Ulisses continua olhando pela varanda a tarde úmida de sol abrasador. Em sua memória, o dia 15 de dezembro de 1979, quando conseguiu entrar no Manicômio Judiciário de Barbacena, após meses de insistência com as autoridades.

BARBACENA
MANICÔMIO JUDICIÁRIO
15 DE DEZEMBRO DE 1979
17h

Ulisses está diante de Orlando. Uma grade de ferro imunda os separa. O preso parece sedado.

— Orlando, sei que você é uma boa pessoa, não repare a pergunta. Você matou ou não o casal de velhos e os bezerros de Capinópolis?

— Não matei, não senhor.

— Você não matou ninguém?

— Não. Não matei não.

— Orlando, você sabe o que é matar?

— Ah, eu gosto de caçar passarinho!

— Você se lembra de onde você nasceu?

— É... foi no Paraná.

— De quando você era menino, você lembra?

— É...

— De sua mãe, você tem lembrança dela, como ela se chamava?

— Minha mãe é Benedita.

— Ela ficou lá no Paraná?

— Ficou.

— Mas ela mora lá? Você lembra qual cidade?

— No Paraná.

— Você veio para o Triângulo Mineiro sozinho?

— Foi.

— Você trabalhava em alguma fazenda lá?

— Trabalhava pro Zé Saviano.

— Veja bem, Orlando, puxe da idéia. Vê se recorda direitinho... Quando a polícia o pegou para levar para a beira do rio e colocá-lo perto da canoa, onde é que você estava? Estava onde?

— No Patrimônio.

26   CARLOS ALBERTO LUPPI

— É um lugarejo, uma vila na roça?

— É. Eu tava no Patrimônio.

— Pois é, aí a polícia pegou você e levou para a beira do rio, não foi assim?

— Foi.

— Orlando, eu sei que você é inocente, que não matou ninguém...

— Matei não!...

— Quero aproveitar e lhe dar uma boa notícia. Você vai sair daqui, Orlando. A Justiça já disse que você é inocente.

— É...

UBERABA — SUBÚRBIO
11 DE JUNHO DE 1980

Ulisses volta à realidade na varanda de sua casa.

— Não foi possível conseguir muitas declarações de Orlando. Seu estado atual de saúde é constrangedor. Ele está morrendo, virtualmente morrendo, dentro das celas do manicômio. Aquilo lá é uma prisão. Só vão pra lá condenados pela Justiça, e o cara é inocente... Suas palavras são mal articuladas, seus reflexos são de um morto-vivo, um robô. A impressão que se tem é de que estão apagando o que possa restar de sua debilitada memória. Os tentáculos da burocracia estatal mantêm encarcerado um homem inocente pelo simples fato de constar num papel: "O paciente é oligofrênico, deverá permanecer interno durante oito anos como medida de segurança!"

"Se o homem é inocente, é obvio que não está obrigado a cumprir nenhuma pena. O manicômio é uma casa penal. Os presos ali vivem num centro de repressão, cercados de grades por todos os lados, num clima tétrico, obrigados a presenciar todos os dias sessões dantescas de tratamento... O terror é uma constante no semblante de cada interno. É uma fábrica de loucos, não um local de recuperação de pacientes penais. O que existe lá é um insignificante pátio estreito ao extremo, cercado de muro exageradamente alto. A presença de Orlando lá, além de ilegal, é desumana, não faz sentido.

"Eu demorei meses para conseguir a licença para ir visitá-lo. Tentaram me dissuadir dessa idéia. Fiquei esperando meses até conseguir o ofício autorizando, com muitas idas e vindas à Secretaria do Interior e ao Departamento de Organização Penitenciária. A ficha de Orlando Sabino dizia somente que o réu é oligofrênico e deveria permanecer interno no manicômio por oito anos, como medida de segurança. Fiquei indignado quando o próprio Departamento Jurídico do manicômio confessou ignorar a absolvição de Orlando em juízo. Sério! Eles não sabiam! Os laudos apresentados registram explicitamente: 'Orlando Sabino, oligofrênico.'

"A oligofrenia é uma doença congênita, ou adquirida ainda na infância, que retarda a mente do indivíduo. Não consta que seja uma doença capaz de levar o paciente a agir de maneira violenta. O oligofrênico é, na quase totalidade dos casos, pessoa totalmente indefesa, cordata, pacífica. Não representa assim nenhum perigo para a sociedade. O fato é que uma burocracia implacável, estúpida, mantém encarcerado num manicômio, preso e privado de tudo, um jovem cumprindo pena por crimes dos quais é totalmente inocente. Foi responsabilizado por uma chacina que jamais praticou. O que aconteceu com ele foi uma especulação, uma farsa.

"Tragédias como a sua precisam ser esclarecidas, os verdadeiros culpados devem ser punidos, e os fatos misteriosos que cercam esta história precisam ser desvendados."

Ulisses pára de falar, toma um copo de água para se recuperar da emoção. Revolta e impotência.

— Uma vergonha! Uma vergonha! Não tenho como fazer mais nada por ele!

28 CARLOS ALBERTO LUPPI

"Cheguei até a dar entrada no Tribunal de Justiça de Belo Horizonte de um pedido de *habeas corpus* para soltá-lo! Fiz isso por razões humanísticas e também porque se trata de um inocente pagando por crimes que não cometeu. O fato é que é inocente, e sua incapacidade de cometer qualquer crime é gritante. Os crimes certamente foram cometidos por pessoas com capacidade de matar fria e calculadamente, fugir sem deixar qualquer pista, sem serem vistas por absolutamente ninguém. Sua história é totalmente incrível e inaceitável.

"Caso ele não tenha ninguém a interceder a seu favor, acho que é uma questão de justiça soltá-lo. Estou aguardando a decisão do Tribunal. Se isso acontecer e ele sair do manicômio, já consegui um lugar para ele viver dignamente. Escrevi o livreto como um desabafo e por uma questão de justiça. E até parei de ter pesadelos com essa história. Já me pediram que calasse a boca! Quem pode fazer alguma coisa por ele? Quem?

"Dadas as proporções que o caso ocupou na época, com total cobertura dos principais jornais do país, chega a ser estarrecedor o fato de toda a tramitação dos processos criminais contra Orlando ter ocorrido na mais completa obscuridade. Assim, a opinião pública atravessou seis anos alimentando a idéia da completa solução do caso, aliviada com a prisão de Orlando e sua detenção no Manicômio Judiciário de Barbacena. O mais maquiavélico de tudo está no fato de que a opinião pública do país não tomou conhecimento da total absolvição de Orlando e sua comprovada inocência. E ninguém mais se preocupou em saber o que de fato houve na região que assustou a todos, abalou o país e teve em Orlando o bode expiatório ideal."

Sol forte na rua de terra batida. Um estranho silêncio no ar. As folhas das árvores não se mexem. Passarinhos pulam sem fazer nenhum ruído. Casas descoloradas pelo tempo. Sem movimento. Sem identidade.

Clima tenso, úmido. Deve chover mais tarde. O olhar de Ulisses angustiado. A mão esquerda acenando cada vez mais longe. A rua parece uma jornada. Uma estrada vermelha parada no tempo. Silêncio quebrado por latidos distantes de um cachorro. Um jovem, de coração apertado, sumindo na linha do horizonte. Um mundo que o mundo esqueceu.

BELO HORIZONTE
SALA DE PERITAGEM DA FUNDAÇÃO
ESTADUAL DE ASSISTÊNCIA PSIQUIÁTRICA
13 DE MARÇO DE 1972
11h

O Dr. Nério Catão Solimões, jaleco branco, retira do bolso uma pequena caneta vermelha, dá uns pequenos retoques finais no laudo médico de uma folha e meia, antes de ditar o texto para a secretária Ana Maria:

— Atesto, para fazer efeito junto ao Departamento de Investigações da Secretaria de Segurança do Estado de Minas Gerais, que examinei o Sr. Orlando e, ao exame psiquiátrico, constatei que:

1. O paciente não apresenta sinais físicos de importância.
2. Mostrou-se tranqüilo no momento da entrevista conosco.
3. Encontra-se relativamente orientado quanto a informações pessoais e mal orientado no que se refere a noções de tempo e espaço.
4. Freqüentemente esboça um sorriso tolo e sem razão objetiva.
5. Sua atenção é débil, mas ele atende calmamente quando solicitado.
6. Seu vocabulário é pobre.
7. Ele tem dificuldade de entender o que se lhe pergunta.
8. Não consegue expressar suas idéias.
9. Sua memória é imprecisa.

30 CARLOS ALBERTO LUPPI

10. Ele é incapaz de fornecer elementos considerados banais.
11. Seu pensamento é lento.
12. Suas idéias são pobres.
13. Seu raciocínio está ausente.
14. Sua afetividade está embotada.
15. Seus sentimentos são apenas primitivos.

O médico pára, respira fundo, parece titubear em suas conclusões. Risca a ficha em suas mãos. Nervoso, ansioso. Prossegue ditando o texto corrigido. Pontua as frases com caneta vermelha:

— Apesar de tudo, atesto que o paciente não tem remorso e consciência do caráter criminoso dos acontecimentos nos quais afirma estar envolvido.

Ele demonstrou ser pessoa incapaz de avaliar os perigos que corre e ao mesmo tempo revelou ser capaz de colocar pessoas em risco.

Em virtude dos elementos já assinalados, concluo tratar-se de paciente oligofrênico, devendo ficar sob custódia policial até a conclusão do inquérito em que é indiciado."

A secretária conclui a datilografia do texto. Olha para o médico.
— Acabou, doutor?
— É, vai!!!

"Foi Você Quem Matou Jesus Cristo? Fui Eu, Sim Senhor."

BELO HORIZONTE
CASA DE DETENÇÃO
14 DE MARÇO DE 1972

— Foi você quem matou Jesus Cristo?

— Fui eu, sim senhor.

Recolhido ao Depósito de Presos de Belo Horizonte, o paranaense Orlando, 25 anos, mulato, 55 quilos, 1,60m de altura, sem pai, sem irmãos, mãe em local ignorado, subnutrido, analfabeto e retardado mental, responde desta forma a uma pergunta feita por um colega de cadeia, José Raimundo de Oliveira.

A resposta levou José Raimundo a chamar um policial e dizer: "Orlando é inocente, ele concorda com tudo o que a gente fala e aceita até mesmo ser assassino de Jesus Cristo. As acusações da polícia contra ele não têm sentido. Vocês estão cometendo um erro. Quer ver só?"

— Orlando, onde você nasceu?

— Numa árvore.

— É verdade que você era um passarinho, depois virou sapo e agora é um preso?

— É, fui passarinho sim.

— Por que você virou gente?

— Ninguém ia prender passarinho...

— O que foi que você fez para estar aqui?

— Estava pescando no rio.

— Estão dizendo que você matou 17 pessoas, sei lá, um monte de gente.

— Matei, sim senhor.

— Como é que você matou tanta gente?

34 CARLOS ALBERTO LUPPI

— Ficava olhando para elas e elas corriam de mim.

— Então você não matou ninguém. Você é inocente...

— Sou, sim senhor.

— Como é o seu nome mesmo?

— Sem nome... Sem nome.

Orlando não fala coisa com coisa. Um sujeito totalmente estranho, confuso, indefeso, entre grades.

O policial manda José Raimundo calar a boca.

— Fica se metendo nisso não! Cala a boca e fica quieto. Cai fora, cai fora!

ITUIUTABA, MINAS GERAIS
FÓRUM LOCAL
16 DE MARÇO DE 1972

O juiz Alarico Andrade, da Vara Criminal da cidade, folheia um processo de 300 páginas. Detém-se nas folhas finais, lê uma solicitação do delegado Heber Figueira, de Belo Horizonte, e diz para seu assistente, um rapaz de 25 anos ao seu lado:

— Vou decretar a custódia preventiva desse preso por um ano como "medida de segurança provisória". O delegado diz aqui que o preso é indivíduo de altíssima periculosidade. Ele já está na Casa de Detenção de Belo Horizonte. Vou despachar para que fique lá um breve período, até a conclusão do caso.

— É, doutor! Esse é o caso do Monstro do Triângulo. São 17 assassinatos e 5 tentativas de homicídio. Há ordens expressas para mantê-lo preso. Não será um louco? Um caso estranho... mas as determinações são claras. Quem manda é a polícia.

BELO HORIZONTE
CASA DE DETENÇÃO
2 DE NOVEMBRO DE 1972

Sob forte aparato militar, Orlando é conduzido das celas da Casa de Detenção Dutra Ladeira em Belo Horizonte para o Manicômio Judiciário de Barbacena.

A madrugada é muito fria quando o preso é recebido por funcionários do manicômio numa sala totalmente fechada. Medicado, recebe uma injeção para se acalmar.

É encerrado numa cela com uma faixa azul na parede.

Funcionários do manicômio comentam sobre o novo interno.

— Vai ficar aqui até morrer.

— Ele é um toalha azul, tem que ter cuidado especial.

— Ele é o Monstro do Triângulo. Um louco assassino de primeiro grau...

— Com essa cara? Parece um pobre-diabo! Mas deixa ele com a gente...

O preso é empurrado para dentro de um cubículo. Fecham-se as grades.

Agora vai enfrentar as celas e pátios imundos do Manicômio Judiciário Jorge Vaz, de Barbacena, e será submetido a um tratamento repressivo à base de choques elétricos, espancamentos e produtos químicos que lentamente o deixam quase como um morto-vivo.

MANICÔMIO JUDICIÁRIO DE BARBACENA
27 DE AGOSTO DE 1973

Os peritos Paulo Benício Silva, 27 anos, e Rosenberg Teresa, de 32, examinam Orlando.

O preso é retirado da cela onde se encontra em estado deplorável. Esquálido, olhos perdidos, praticamente não fala, não tem a menor noção de nada. Os peritos testam sua sanidade mental, numa cena constrangedora, fazem medições, perguntas sem resposta.

— Orlando, você foi acusado de ter cometido 17 assassinatos, degolado mais de 50 bois com facão lá no Triângulo. Você cometeu esses crimes?

(Silêncio.)

O preso é submetido a uma bateria de testes. Sempre olha para a porta do ambulatório do manicômio. Os peritos chamam os guardas, acham que o silêncio pode ser sinal de que ele quer tentar uma fuga... Conversam entre si.

— Muitas acusações sem provas convincentes e com base em indícios forjados.

— É um retardado mental, sem dúvida!

— É inteiramente incapaz de entender qualquer caráter criminoso dos fatos e inteiramente incapaz de determinar-se.

— É portador de oligofrenia. Um pobre coitado.

— Entidade nosologicamente classificada como oligofrenia, vou colocar na ficha dele.

— Não tem iniciativa para fazer qualquer relato de crimes. Suas respostas são sempre conduzidas pelas perguntas. Pergunta afirmativa, resposta afirmativa. Pergunta negativa, resposta negativa.

— Orlando está completamente desorientado em relação a tempo, espaço, quanto à sua pessoa, com certeza tanto quantitativamente (QI eficiência) quanto qualitativamente (projeção), é altamente deficiente. Este é o meu laudo.

— Ele apresenta conduta de absoluta indiferença e não faz amizades. Fica recolhido ao leito, e todas as suas atividades são dirigidas, mesmo para se alimentar.

— Nota-se que não tem cuidado e interesse por sua aparência pessoal. Vestes em desalinho e sujas. Higiene corporal também totalmente deficiente.

— Está completamente desorientado quanto a tempo, espaço e meios. Gesticulação e mímica inexpressivos. Está sempre colocando a mão na boca e no queixo. Expressão fisionômica incompreensível, atoleimada.

— Não tem interesse algum pelos exames. Fala palavras ininteligíveis misturadas com outras inteligíveis, quando às vezes se faz entender.

— Exame de memória difícil.

— Afetividade totalmente alterada.

— Não oferece elementos suficientes para uma avaliação de sua memória.

— Ele foi internado aqui com recomendação de rigorosa vigilância. Sua conduta junto aos companheiros é de absoluta indiferença. Não faz amizades. É oligofrenia mesmo.

— Não é possível aplicar qualquer teste psicométrico, devido a seu total negativismo.

— Por ter um desenvolvimento mental incompleto, não é capaz de entender qualquer fato criminoso.

— Este é o laudo, não tem outro jeito.

38   CARLOS ALBERTO LUPPI

CANÁPOLIS — TRIÂNGULO MINEIRO
DELEGACIA LOCAL
17 DE MARÇO DE 1972

De um lado, o Dr. Heber Figueira, delegado especializado de homicídios, em diligência.

Do outro, o escrivão Edson Lucas.

À sua frente, Orlando, mulato, 25 anos, solteiro, lavrador, filho de José Francisco e dona Benedita Rodrigues, brasileiro, natural de Mandaguari, município de Arapongas, estado do Paraná, sem residência fixa, analfabeto, sem familiares conhecidos.

Numa cadeira à esquerda, o Dr. Eliaquim Bonaires Faria, advogado, nomeado curador do réu.

Um pouco mais afastadas, as testemunhas João César, motorista, o fazendeiro João Pereira, o João da Prosa, e Hilário Martelos Moura, marceneiro.

— Qual é o seu nome? Como o senhor veio parar nesta região? Onde está sua família?

— Num sei. Pai morreu, mãe num sei. Tinha 15 anos.

— Você trabalha onde?

— Vou vivendo sem trabalhar em qualquer lugar.

— Dorme no mato e come galinha?

— Durmo no mato e como galinha, porco, arroz, tudo!

— Como você conseguiu as galinhas e os porcos?

— Peguei elas em terreiros, cozinhava elas nas panelas que tinha nos paiol!

— Já teve problemas com a polícia?

— Num sei, não senhor! Pegava as coisas.

— Você já ouviu falar de Araxá?

— Tive numa cidade, roubei umas coisas na escola. Fiquei preso, fugi pulando a parede.

— Alguém te seguiu?

— Não sei, não. Fugi. Fui em outra escola. Peguei uma espingarda de noite. Depois peguei um revólver que calça bala que conheço.

— E este revólver calibre 32 é seu?

— É...

— Você atirou contra algumas mulheres e homens com este revólver?

— Atirei, sim senhor.

— Você sabe os nomes dessas pessoas?

— Sei não!

— Você matou elas?

— Matei, sim senhor.

— Você matava elas e fugia?

— Matava e fugia depois.

— Fugia para onde?

— Fugia pelo mato e pelo rio. Gosto muito do rio.

— O que você gosta no rio?

— Nos rios eu gostava de fazer jangada!

— Você usava facas, facões, foices, pedaços de pau contra os homens e mulheres que matou?

— Usava, sim senhor.

— Uma mulher lavava umas vasilhas, você matou?

— Matei a mulher que lavava as vasilhas.

— Você deu pauladas nela, na cabeça?

— Dei pauladas nela, na cabeça!

— Você a levou para o mandiocal?

— Levei, sim senhor.

— Você tirou as calças e a calça íntima dela?

— Tirei.

— Abusou dela depois?

— Abusei....

— Antes dela, você não matou também um rapaz de bicicleta a pauladas e tiros de revólver?

— Matei e peguei a bicicleta.

— Deu facadas nele?

— Dei.

— Na barriga?

— Na barriga, com facão.

— No rosto?

— No rosto dele.

— Tinha muito sangue?

— Tinha.

— No dia seguinte, você não pegou a espingarda e atirou contra um senhor escuro, preto, fugindo depois?

— Foi sim.

— E depois você matou a mulher que lavava as vasilhas com os filhos perto? E depois teve relações sexuais com ela? Depois de morta?

— Foi sim.

— E você deu tiros em outras pessoas depois disso?

— Dei sim.

— De revólver?

— É.

— Você não deu tiros e facadas num senhor? E depois não deu tiros de espingarda na mulher dele?

— Dei sim.

— Você sabe se matou eles?

— Num sei, não!

— O senhor, quando você atirou, gritou?

— Gritou sim.

— Você matou ele?

— Matei sim.

— E a mulher dele, você atirou nela?

— Atirei sim.

— Você se lembra de ter atirado de espingarda contra uma moça e um rapaz de cor preta que estavam na casa do homem que você matou, não acertando neles porque eles correram?

— Eles correram sim.

— Você lembra dos nomes deles?

— Não.

— E os dias dos crimes e mortes?

— Não.

— De que você gosta? Andar de canoa?

— Gosto de andar de canoa.

— Você só matou gente pobre.

— Só matei pobre.

— Você não matou gente rica?

— Não matei gente rica. Tenho medo deles.

— Eles podem te matar?

— Podem me matar, sim senhor!

— Bem, pessoal! Não precisa perguntar mais! Claro que estamos diante de um assassino desumano, cruel, a pior escória de nosso mundo. Vocês não concordam? Eu tenho vontade de lhe dar um murro na cara. Mais do que isso, muito mais.

— Escrivão, tá tudo anotado? Agora todo mundo assina aqui — mostrando a última página do interrogatório.

Pela janela da delegacia, o sol atinge em cheio o rosto de Orlando, olhos esbugalhados, assustado, algemado.

"O CAVALO DE ÁTILA: SUAS PEGADAS
ESPALHAM MORTE E DESESPERO."

CANÁPOLIS — TRIÂNGULO MINEIRO
15 DE MARÇO DE 1972

Sala do delegado de polícia.

Personalidades locais e regionais se misturam a policiais e um autêntico batalhão de repórteres da imprensa de Minas e dos principais jornais do país.

O delegado convocara os jornalistas para ler o relatório final do inquérito policial que investiga alguns dos crimes que haviam apavorado todo o Triângulo Mineiro. Todas as acusações encontravam um único culpado: Orlando, apelidado de "O Monstro do Triângulo".

Mais de 200 pessoas se acotovelam na pequena delegacia. Nunca se viu coisa igual na região.

Vaidoso e disposto a mostrar a eficiência da polícia, que, em 15 dias, em sua opinião, havia esclarecido todos os crimes ocorridos na região desde dezembro de 1971, o delegado fala, ao vivo, para uma cadeia de emissoras de rádio. Está disposto a fazer uma autêntica "radiografia" de Orlando, "o monstro". Está plenamente convencido de que seu relatório vai causar enorme impacto. Por isso, imagina até que ele pode ser qualificado como uma verdadeira peça literária de cunho jurídico.

Câmeras. Luzes. Silêncio. O Dr. Maestrini vai falar. Ele imposta a voz, gesticula pomposamente.

— Submeto à elevada consideração da Justiça estes autos de inquérito instaurado e, *ipso facto*, tramitado nesta Delegacia de Polícia e que, por via dele, levo ao digno e sábio juízo provas inequívocas e irrefutáveis contra a pessoa de Orlando, dito Sabino, brasileiro, solteiro, 25 anos de idade, sem profissão e sem residência fixa, natural de Mandaguari, estado do Paraná, por haver infracionado vários dispositivos de nosso diploma legal, mormente infringindo o artigo 121, itens II e IV.

"A reportagem desses autos é estarrecedora, pois não é óbvio a nenhum triangulino as ações que este 'monstro' praticara nesta Canápolis assim como em Capinópolis, Tupaciguara, Catalão e Coromandel, matando covardemente 17 pessoas e tentando contra a vida de mais 5, implantando o luto em várias famílias, levando a intranqüilidade às classes rurais e urbanas, bem como a desolação no âmbito rural e incalculáveis prejuízos aos produtores das regiões atingidas pelo indiciado.

"Qual 'Cavalo de Átila', as suas pegadas eram registradas e assinaladas com morte e desespero. E o rosário de seus crimes se descortinava, conforme consta, numa ascendência impressionante, evidenciando um espírito mórbido e uma alma satânica. Talvez se deva a uma tara ancestral a sua debilidade, que se prende a uma esquizofrenia, ou então, protótipo de um paranóide ou epileptóide, que, no transe da manifestação mórbida, furta, rouba e mata! E tira a vida de um homem como se este fosse um rastejante e mesquinho animal, e os fatos, e as manchetes, e os rádios, e as televisões comprovam esta assertiva!

"Praticara hediondos homicídios, iniciando-se em Coromandel, local onde matara um homem, na conexidade de crime. Posteriormente, descendo o rio Paranaíba, no Município de Catalão, no dia 15 de janeiro de 1972, aproximadamente às 18h30, na fazenda Perna Quebrada, travou tiroteio com a polícia, assassinando o comerciante Alaor Borges. Em seguida, no dia 26, na fazenda Olhos d'Água, matara com uma 'mão de pilão' Maria Joana, uma velha de 80 anos, e continuara a criminalidade em Tupaciguara, onde ceifara a vida de mais duas pessoas.

"Nesta Canápolis, em sua seqüência criminosa, tirara a vida, no dia 24 de fevereiro, de Antonio Francisco Gonçalves, Manoel Augusto Pinheiro e Enivaldo Alvarenga Pereira, ferindo ainda, a tiro de espingarda, dona Geralda Gonçalvez Siqueira, esposa de Antonio Francisco Gonçalves, fatos estes ocorridos mais ou menos às 10h30, sendo que no dia seguinte, isto é, no dia 25, o assassino prosseguira na prática de seus crimes, atirando na pessoa de João Leandro da Silva, aproximadamente, às 5h30, seguindo o assassino na sua rota de crimes, até a casa de Inês Batista dos Santos, roubando-lhe a vida e mantendo com a mesma relações sexuais depois de morta e após levá-la arrastada para um mandiocal existente no local, dando mostras de necrófilo.

"Não parou aí o rosário de seus crimes, pois, após furar o cerco policial, na Mata de 'Juca Ribeiro', no Município de Capinópolis, sedento de sangue, viera a ceifar do meio dos vivos as vidas de um casal, sendo que se tratava de anciãos indefesos, com 80 e 77 anos, respectivamente. A materialidade dos eventos se acha consubstanciada no *corpus delictum* e os sobreviventes reconhecem Orlando como o 'louco matador' de todas as vítimas apresentadas. Não paira qualquer dúvida quanto ao que se alega, pois Osmar, 'O Pretinho', como Odete, filha de Antonio, e Geralda, esposa do mesmo, são unânimes em apontá-lo como o autor dos respectivos crimes.

"E, verdade se diga, os autos narram a situação *sui generis* da história, sendo corroborada a autoria e caracterizados os dolos existentes, bem como o *animus naecanda* e o *animus laedendi*, sendo de se inferir que infrutíferas foram as primeiras diligências intentadas no sentido de localizar-se o autor, que, perpetrando os delitos, calculava a sua fuga e a empreendia de maneira feliz, para azar da polícia e da própria sociedade. Porém, olvidara ele que a polícia envidava esforços no sentido de localizá-lo e subtraí-lo do caminho de sua impunibilidade, pois, após muito sacrifício e abnegação, a Polícia Civil e a Polícia Militar, a quem presto as minhas sinceras homenagens, num trabalho conjunto, conseguiram prendê-lo, com toda a sua responsabilidade criminal devidamente delineada e passivo à aplicação de penas.

"Mas, em socorro à situação atual, na tutela penal e sociológica, o nosso Diploma Processual Penal prevê o cerceamento preventivo da liberdade de agentes de tal natureza e de tais delitos, quando *periculosus*, vadios, sem residência fixa, ou quando o volume de seus delitos faça

48 CARLOS ALBERTO LUPPI

pressupor que, em liberdade, não cessarão de delinqüir e de intranqüilizar o meio social, quer rural, quer urbano, a exemplo do indiciado presente, ao qual sugerimos, com o devido acatamento que sempre tributo a Vossa Excelência, escudo invulnerável das Alterosas, que se lhe administre o remédio hábil, na diagnose jurídica, receitado nos artigos 311 e seguintes do nosso Diploma Processual Penal, na certeza absoluta de que se evitará, assim, a seqüência, cada vez mais baixa na escala criminal, da carreira incipiente que o autor intenta empreender.

"Faço um parêntese para ressaltar o trabalho do delegado especial da polícia de Canápolis e prestar-lhe o tributo do reconhecimento desta Regional, bem como de seus soldados, como do Sr. Prefeito Municipal, de seus homens, em geral, assim como do digno Promotor Público da Comarca, que, irmanados num só sentimento, tudo fizeram para a captura do criminoso. Assim sendo, determino ao dd. Escrivão para, incontinenti e com as cautelas de estilo, enviar estes autos à Justiça Pública desta Comarca, para aplicação e distribuição de verdadeira Justiça, solicitando-se a devolução dos mesmos a esta delegacia de origem, para sua fiel e real complementação."

CAPINÓPOLIS — TRIÂNGULO MINEIRO
DELEGACIA DE POLÍCIA LOCAL
18 DE MARÇO DE 1972

TESTEMUNHA DE ACUSAÇÃO: ANA MARIA FAGUNDES, CASADA, DOMÉSTICA, 54 ANOS, RESIDENTE NO SÍTIO OLHOS D'ÁGUA.

Crime: assassinato de Oprimio Ismael do Nascimento e sua esposa Afonsina Maria de Jesus, em 28 de fevereiro de 1972.
Delegado: Heber Figueira
Acusado: Orlando Sabino.

— Eu acho que, pelo que pude notar, o assassino, depois de matar o casal de velhos, forçou a janela da minha casa. Fiquei junto com meu marido, presos dentro de casa, receosos de que o assassino — que não cheguei a ver quem era — pudesse nos fazer mal também. De manhã fui à moradia do sr. Oprimio e dona Afonsina, encontrei Oprimio morto à beira do chiqueiro e Afonsina morta dentro de casa. Os dois tinham o rosto bastante ensangüentado por esmagamento.

TESTEMUNHA DE ACUSAÇÃO: MERTON CARLOS, BRASILEIRO, NATURAL DE CANÁPOLIS, 38 ANOS DE IDADE, CASADO, LAVRADOR.

— Tive conhecimento dos crimes e preferi vir direto à delegacia para anunciar a probabilidade de ter acontecido a Oprimio e sua mulher o mesmo que, segundo ouvi dizer, vinha acontecendo a outros pequenos fazendeiros, lavradores e sitiantes da região, que vinham sendo cruelmente assassinados por um indivíduo de todos desconhecido.

"Fiquei sabendo que o frio e covarde assassino andou matando por decapitação vários bezerros da fazenda de Martim Feliciano.

"Soube que a polícia local tinha pegado dois pedaços de madeira e uma pedra utilizados pelo assassino para o extermínio covarde e impiedoso de suas vítimas."

TESTEMUNHA DE ACUSAÇÃO: LÚCIO FLÁVIO BARBALHO, BRASILEIRO, NATURAL DE LUZ, 42 ANOS, CASADO, LAVRADOR.

— Estava em casa. Ouvi um tiro muito forte e três gritos de socorro que partiam do lado da casa de Oprimio e Afonsina.

"Na hora fiquei sem saber o que fazer, porque sabia que um indivíduo estranho e com ares de monstro vinha colocando em polvorosa a

50 CARLOS ALBERTO LUPPI

população de Canápolis, chegando alguns habitantes daquele município a ser mortos por tal facínora. Depois acabei indo à delegacia avisar à polícia. Antes passei no sítio do casal morto, mas fiquei com receio de me aprofundar no assunto."

TESTEMUNHA DE ACUSAÇÃO: JOSÉ LUTERO, BRASILEIRO, NATURAL DE LUZ, 44 ANOS, CASADO, LAVRADOR.

— Fui atraído por um tiro forte vindo da direção da moradia do casal de velhos.

"Eu já estava, como todo mundo, sobressaltado pelas notícias segundo as quais um monstro assassino vinha matando várias pessoas e ferindo outras. Fiquei preocupado em fugir dali com a família.

"Fiquei sabendo, no dia seguinte, do estúpido, covarde e frio assassinato.

"Depois fiquei sabendo que vários bezerros foram mortos pelo mesmo assassino de Oprimio e Afonsina na fazenda de Martim Feliciano."

CAPINÓPOLIS
CARCERAGEM DA DELEGACIA LOCAL
18 DE MARÇO DE 1972

O detetive Everton Frade, o inspetor Eraldo Zapana e o subinspetor Walfrido Henrique conversam entre si.

— Vamos entregar nosso relatório ao Dr. Heber.

— Orlando confessou os crimes do casal de velhos.

— Chegou pelos fundos do quintal da casa deles; avistou, por detrás de uma moita, um homem, seu Oprimio, que tratava dos porcos no chiqueiro.

— Aproximou-se mais e, sem a vítima perceber, deu um tiro de revólver nele.

— O velho caiu no chão. Ele deixou a arma, abandonando ela no chão, pegou um pedaço de pau e esmagou a cabeça do velho com diversas pauladas!

— Depois ele foi para o interior da casa e, na cozinha, surpreendeu dona Afonsina com o mesmo pedaço de pau, deu várias pauladas em sua cabeça, matando ela.

— Depois manteve com ela relações sexuais.

— Satisfeitos seus instintos bestiais, empreendeu sua fuga, abandonando o local e tomando o rumo das matas.

— É isso aí! Todos concordam?

— Mas não foi isso que a gente ouviu?

— Tá certo! É a confissão dele!

— Ele é meio doido, não é não?

O detetive Everton Frade está com um olhar diferente. Dias antes, ele e seus dois colegas de delegacia estiveram com Orlando Sabino para obter dele uma confissão de culpa.

Os três, frente a frente com o "Monstro".

— Orlando, você matou o casal de velhos?

— Matei.

— Você sabe como foi?

— Não.

— Você não chegou pelos fundos do quintal da casa deles e avistou por detrás de uma moita o velho?

— Foi sim.

— Ele estava cuidando dos porcos.

— É.

— Nos fundos da casa deles?

52 CARLOS ALBERTO LUPPI

— É.

— Aí você chegou de mansinho, porque Oprimio era meio surdo, deu um tiro nele. Ele caiu.

— É.

— Você deixou a arma no chão, pegou um pedaço de pau e descarregou pauladas nele.

— Foi.

— Depois você foi atrás da velha na cozinha da casa.

— É.

— Aí matou ela com pauladas do mesmo porrete.

— É.

— Depois você trepou com ela, Orlando, não foi?

— Foi, eu trepei com ela.

— E fugiu? Todo sujo de sangue?

— Fugi, sangue!

— Na mata?

— É... na mata!

(Silêncio.)

— A confissão dele está toda aqui. Vamos assinar este relatório.

— É... vamos que o doutor Heber está esperando.

Cinco minutos depois, o inspetor Eraldo se dirige à sala do delegado, que acabara de ouvir três testemunhas do caso. Entrega o relatório da confissão de Orlando.

— Doutor! Está aqui nosso relatório com a confissão do monstro!

— Um assassino covarde!

— Tenho vontade de deixar o povo dar um sumiço nele!

CAPINÓPOLIS
SALA DO DELEGADO ESPECIALIZADO
DE HOMICÍDIOS — EM DILIGÊNCIA
18 DE MARÇO DE 1972

Exaltado, ao lado do escrivão Evair Moreira, 27 anos, o delegado dita os termos em que solicita a prisão preventiva de Orlando, em ofício endereçado ao juiz Alarico Andrade.

— O atestado médico diz que ele não tem remorso de nada e nem consciência do caráter criminoso dos acontecimentos. Que demonstrou ser pessoa incapaz de avaliar perigos e ao mesmo tempo revelou ser capaz de colocar em risco as pessoas. A prova material dos delitos já está devidamente feita. A autoria também está comprovada. Testemunhas a respeito foram ouvidas. Por tudo que nos autos consta, vemos, perfeitamente, que o réu, em sua sanha sanguinária, prosseguiu sempre em seu rosário de crimes; o frio e covarde assassino agiu contra pobres e indefesas vítimas na área rural.

"É claro tratar-se de elemento de alta periculosidade, sem profissão definida e residência fixa, e sua liberdade poderá trazer, como realmente aconteceu, intranqüilidade e sobressalto a esta população ordeira e operosa como a de outros municípios.

"Por esta razão, represento a V. Excelência no sentido de ser decretada a prisão preventiva do indiciado como garantia de ordem pública por conveniência de instrução criminal ou para assegurar a aplicação da Lei Penal. É isso!"

ITUIUTABA
FÓRUM REGIONAL
19 DE MARÇO DE 1972

Gabinete do juiz de direito da Primeira Vara, Alarico Andrade.

— Hei por bem decretar a custódia detentiva do indiciado Orlando Sabino como medida de segurança. Essa medida de caráter provisório vigorará por um ano. — O indiciado confessou na polícia a autoria do homicídio de Oprimio Ismael do Nascimento e da mulher deste, de nome Afonsina Maria de Jesus. Os fatos se deram a 28 de fevereiro no vizinho município desta comarca e tiveram larga repercussão não só na região como em todo o país, dada a seqüência de crimes os mais hediondos praticados pelo réu, mais conhecido pelo apelido de "O Monstro de Canápolis".

"A medida se impõe para salvaguardar os interesses da Justiça e da segurança da população da região do Pontal do Triângulo, que se sente insegura ante as ameaças do réu, tido como insano mental.

"Que se expeça mandado de prisão contra o indiciado Orlando Sabino."

BELO HORIZONTE
DEPARTAMENTO DA POLÍCIA TÉCNICA
SECRETARIA DA SEGURANÇA PÚBLICA
SEÇÃO DE IDENTIFICAÇÃO DE ARMAS E MUNIÇÕES
14 DE ABRIL DE 1972

Os peritos Mauro dos Santos e João Felício conversam entre si.

— Mauro, a arma desse crime definitivamente não é de calibre 32...

— Mas o cara confessou na polícia o crime com esta arma.

— E a bala foi tirada do corpo após a exumação.

— A informação é que o Monstro do Triângulo assassinou o casal de velhos em Capinópolis com essa arma. É estranho. Seu calibre é 44.

— É arma privativa das Forças Armadas, forças de segurança!!! Como é possível?

— Mas não foi esta arma que alegaram ter sido apreendida com esse tal de Orlando?

— Foi, mas não é 32. É 44.

— Não podemos dizer diferente. É padrão calibre 44 centésimos de polegada.

— Projétil de chumbo nu, apresentando deformações normais, acidentais, perda de substância.

— ...com estriamento, sem característica de raiamento, propelido por arma de fogo.

— A característica é de projétil padrão de calibre 44.

— Vamos enviar o laudo para a Delegacia de Homicídios em resposta ao ofício 109/72, laudo número 73.019. Vai junto o projétil.

— É isso, né?

— Vou mandar datilografar pra assinar.

CANÁPOLIS — TRIÂNGULO MINEIRO
3 DE MAIO DE 1972

A sala do delegado Heber Figueira é um amontoado de papéis ao lado de duas mesas, uma escrivaninha, quatro cadeiras velhas, um ventilador empoeirado. Na parede, um crucifixo de madeira escura com a imagem dourada.

Diante dele, sentada, Maria da Silva, mulher simples, tímida, cujos olhos não saem do chão. Nervosa, torce as mãos junto ao vestido de

56 CARLOS ALBERTO LUPPI

algodão surrado. Tem dificuldade para falar sobre a morte de seu marido, o lavrador Manoel Augusto Pinheiro, ocorrida no Córrego das Galinhas, localidade da área rural.

— Por volta das 10 horas da manhã de 24 de fevereiro, ouvi gritos do Manoel no quintal de casa. Fui ver o que era. Vi que ele segurava a barriga e pedia que eu tomasse cuidado. Disse que tinha um homem estranho por ali e estava com uma espingarda, um revólver e um facão. Na hora, eu chamei uns vizinhos e levamos o Manoel para Centralina, depois para Itumbiara. Ele foi operado e acabou morrendo no hospital.

"Ele estava capinando na hora em que levou o tiro. A capina fica a uns 300 metros lá de casa."

— É mais um crime bárbaro do "Monstro do Triângulo". Tem todas as características do modo de agir desse criminoso, com total certeza — diz o delegado.

Volta os olhos, em seguida, para o escrivão a seu lado.

— Escreve aí! Vou ditar o meu relatório! Além do crime aqui descrito e outros mais praticados nesta comarca, o indiciado Orlando cometeu os seguintes delitos, cuja relação vai anexa, numa demonstração inequívoca do que pode fazer esse Monstro do Pontal do Triângulo.

"Em Araxá, praticou furtos e danos contra a Escola Rural Professor Coelho de Almeida e o fazendeiro Orlando da Cunha."

Pára, dá uma baforada no cigarro.

— Em Coromandel, assassinou Joaquim Lopes da Silva em 28 de dezembro de 1971. Depois tentou matar o retireiro Geraldo Batista em Lagamar dos Coqueiros na noite de 29 de dezembro de 1971. Em Patrocínio, matou o sitiante João Braz Ribeiro em Chapadão dos Ferros às oito horas da noite de 2 de dezembro de 1971. Em Tupaciguara, tirou a vida de Maria Lina Pereira na Fazenda São José e matou Antenor Lourenço Borges às margens do rio Parnaíba. Sua prisão preventiva foi decretada pelo juiz de Direito da Comarca.

"Em Capinópolis, na Fazenda Olhos D'Água, às oito da noite de 28 de fevereiro, assassinou Oprimio Ismael do Nascimento e sua mulher

Afonsina Maria de Jesus. Nesse mesmo dia, 19 bezerros amanheceram com suas cabeças cortadas por golpes de foice.

"Em Canápolis, em 24 de fevereiro, nada menos que três pessoas foram assassinadas a intervalos de horas em locais diferentes: Manoel Augusto, Antonio Francisco Gonçalves e Edvaldo Alvarenga.

"Além disso, outras três pessoas foram vítimas de sua extrema violência; ele é um carniceiro louco. Anota aí: as vítimas feridas com muita gravidade são: Geraldo Gonçalves, Odete Batista e Osmar Gomes da Silva. Em 25 de fevereiro de 1972, outros dois assassinatos covardes. Um às cinco e meia da tarde. As vítimas: Inês Fernandes dos Santos e João Leandro da Silva."

O delegado pára, dispensa a presença de Maria da Silva, olha para o teto da delegacia, suspira, dá um soco na mesa.

— O juiz de Ituiutaba, Dr. Alarico Andrade, atendendo representação nossa, já decretou a custódia detentiva desse assassino por um ano como medida de segurança provisória. Tendo em vista o exposto, vamos remeter este inquérito à Justiça pública da Comarca de Canápolis com as cautelas de praxe...!

"ELE É MAIS RÁPIDO QUE UM PASSARINHO. NÃO TEM JEITO, TEM QUE SER CONDENADO."

CANÁPOLIS — TRIÂNGULO MINEIRO
29 DE MAIO DE 1972

O juiz José Miranda Costa está pensativo em sua sala. Mas não tem qualquer dúvida. Orlando é mesmo um monstro assassino e responsável por mais de 17 crimes hediondos e cinco tentativas de homicídio em diversas cidades do Triângulo Mineiro.

Folheia o inquérito policial e o relatório do delegado Maestrini sobre o caso. São mais de 300 páginas.

— Doutor, é estranho que todos os crimes tenham como causa da morte traumatismo com esmagamento do crânio — diz seu assistente Carlos José.

— E também não tem testemunha ocular em nenhum crime — diz o juiz.

— Muita gente falando que viu, mas não viu, viu mais ou menos. No fim, não viu nada — completa Carlos José.

— É... mas vou ter que receber a denúncia contra esse indivíduo. Engraçado! Não tem ninguém a dizer qualquer coisa sobre sua família, é um pobre coitado, não tem parentes, nada.

— Doutor, põe ele no manicômio!

— É um louco! Mas de onde veio esse sujeito? De onde surgiu esse indivíduo?

— Tem também as distâncias, doutor! Muitos crimes praticados pelo mesmo sujeito em locais diferentes. Ele tem que ser muito rápido para fazer isso. Mais rápido que um passarinho, não sei não! Tem até que estar em dois lugares ao mesmo tempo!

— É... mas não tem jeito, tem que ser condenado. Escreve aí!

62   CARLOS ALBERTO LUPPI

"Recebo a denúncia considerando o que se espera abaixo com pedido de imposição de medida de segurança por prazo indeterminado. Realmente, procede o demonstrado pela peça do representante do Ministério Público, conforme o entendimento da doutrina e da jurisprudência pelos próprios fundamentos ali consignados.

"Conforme se pode constatar através dos autos de inquérito policial que instruem este pedido, o acusado apresenta, nos parece, índices acentuados de periculosidade, fato aliás que, cremos, não poderá ser contestado de maneira alguma. Portanto, a procedência da concessão da medida de segurança em tela é atente e insofismável, tendo-se em mira o alcance da providência.

"Não esqueça!! Alcance é com cedilha! Bem... continuando... A medida de segurança no Código Penal é um reforço à prevenção já antevista na pena. Esta não deixa de considerar a personalidade do agente, conforme o Artigo 42 desse estatuto; a outra investiga a sua periculosidade, objetivando o mesmo fim que aquela quando a personalidade oferece maior perigo. Considerando, finalmente, os atestados de folhas 62/63 do Inquérito Policial, vou determinar o recebimento da denúncia e seu conseqüente sobrestamento e da instrução criminal, para verificação do disposto no Artigo 22 do CP, parágrafo 5, seja internado no Manicômio Judiciário de Barbacena ou outro designado para a medida, a fim de que seja o acusado submetido a exame médico-legal.

"Providencie-se no sentido de oficiar ao Secretário do Interior para a pronta execução das providências determinadas, assim como comunique-se ao egrégio Tribunal de Justiça para os devidos fins legais. Não está bem assim, Carlos?"

— Tá legal, doutor. Pode assinar!

BELO HORIZONTE
SALA DO SUBINSPETOR DE POLÍCIA
DEPARTAMENTO DE INVESTIGAÇÕES
SECRETARIA DE SEGURANÇA
20 DE ABRIL DE 1972

Conversa entre o subinspetor Josias e o delegado Fred Silveira:

— Não tem qualificação direito. Nem data de nascimento. Pouco se sabe dele. A qualificação possível, mínima, vai anexa.

"Delegado! Estou comunicando que prendi e recolhi ao setor de triagem deste departamento o indivíduo Orlando de Tal, Orlando Sabino, Orlando Sem Nome.

"Está tudo bem... Está calmo, sem alterações!"

ITUIUTABA
FÓRUM LOCAL
GABINETE DO JUIZ DA PRIMEIRA VARA CRIMINAL
28 DE AGOSTO DE 1972

O juiz lê pausadamente, antes de assinar, a folha que tem em mãos: "A apresentação do réu em juízo deve ocorrer em 5 de setembro de 1972 no Fórum desta cidade. Expeça-se portaria!"

64 Carlos Alberto Luppi

ITUIUTABA
FÓRUM LOCAL
GABINETE DO JUIZ DA PRIMEIRA VARA CRIMINAL
13 DE SETEMBRO DE 1972

O juiz dita para o escrivão datilografar:
— Certifico que o réu não foi apresentado na audiência designada nem a portaria foi restituída até hoje.
"Marque-se nova data para o interrogatório. Oficie-se ao Sr. Delegado Regional da polícia, requisitando a apresentação do acusado, que, segundo consta, não se encontra no presídio local. Intime-se!"

ITUIUTABA
FÓRUM LOCAL
GABINETE DO JUIZ DA PRIMEIRA VARA CRIMINAL
18 DE SETEMBRO DE 1972

O juiz encaminha ofício ao delegado regional.
"Acha-se designada para o dia quatro (4) de outubro entrante às 13 horas no Fórum Desembargador Newton Luz desta cidade a audiência de interrogatório do réu Orlando Sabino. Constando que o mesmo não se encontra no presídio local e sim em Belo Horizonte, por interesse da Justiça, é o presente para requisitar providências dessa delegacia Regional de Polícia no sentido de sua apresentação à mencionada audiência."

ITUIUTABA
SALA DO DELEGADO REGIONAL
4 DE OUTUBRO DE 1972

Ofício do delegado regional assinala:

"Sr. Meritíssimo Juiz Alarico Andrade, esclareço a V. Exª que, apesar das providências adotadas com relação à apresentação do réu Orlando Sabino nesta data, o pedido não foi atendido pela Secretaria de Segurança do Estado, razão pela qual apresento a V. Exª as minhas escusas pelo não-atendimento do pedido."

ITUIUTABA
FÓRUM LOCAL
GABINETE DO JUIZ DA PRIMEIRA VARA CRIMINAL
10 DE OUTUBRO DE 1972

Impaciente, o juiz folheia o processo.

— Fica determinada nova data para o interrogatório do réu Orlando Sabino neste juízo. Designo o dia 10 de novembro de 1972, às 13 horas, para a audiência referida. Oficie-se à Secretaria de Segurança requisitando a apresentação do acusado, já que até esta data ele não foi apresentado, apesar de nossos insistentes apelos.

ITUIUTABA
FÓRUM LOCAL
GABINETE DO JUIZ DA PRIMEIRA VARA CRIMINAL
11 DE OUTUBRO DE 1972

O juiz está irritado. Suas ordens têm sido descumpridas de forma constante. Já marcara a apresentação do réu Orlando Sabino para ser ouvido em juízo três vezes, e os órgãos policiais e a própria Secretaria de Segurança de Minas Gerais simplesmente ignoraram seus despachos.

— O que está acontecendo? Onde está afinal o réu? Está na Casa de Detenção ou no Manicômio de Barbacena? Afinal, estão escondendo o preso por que exatamente? Desde junho estou tentando marcar seu interrogatório e não consigo. É um desrespeito à Justiça! Vou relatar os fatos ao Secretário de Segurança e pedir que ele faça o réu se apresentar.

Dirige-se ao escrivão.

— Escreve aí! É um ofício!

"Senhor Secretário, solicitamos suas boas e enérgicas providências no sentido de ser apresentado a este juízo no Fórum Desembargador Newton Luz, sala das audiências, às 13 horas do dia 10 de novembro próximo entrante, o réu Orlando, denominado 'O Monstro de Canápolis'. Na audiência ora designada pela terceira vez, deverá ele submeter-se a interrogatório nos precisos termos da lei. Consta do processo haver sido o réu regularmente recolhido ao setor de triagem do Departamento de Investigações dessa Secretaria. Por três vezes designamos data e requisitamos à autoridade policial sua apresentação, sem que fôssemos atendidos. Reafirmo a V. Exª os protestos de nossa estima e consideração."

BELO HORIZONTE
GABINETE DO SECRETÁRIO DE SEGURANÇA PÚBLICA
18 DE OUTUBRO DE 1972

A secretária Ana Luísa, loura de olhos azuis, acaba de datilografar o ofício 1.801, endereçado ao juiz Alarico Andrade, da Primeira Vara Criminal de Ituiutaba. Em voz alta, ela lê os termos para o chefe do gabinete, Sávio Moreira, que assina a correspondência oficial.

"Em nome do senhor secretário de Estado da Segurança Pública, informo que, nesta data, para os fins cabíveis, se retransmitiu diretamente à chefia do Departamento de Investigação seu ofício 4.747, com que houve por bem requisitar a apresentação em juízo do réu Orlando Sabino. Reitero a V. Exª as expressões do meu apreço e consideração."
— Ok, Ana Luísa. Deixa eu assinar pra você enviar!

BELO HORIZONTE
GABINETE DO DELEGADO DE VIGILÂNCIA GERAL DO ESTADO
23 DE OUTUBRO DE 1972

O delegado se dirige ao escrivão:
— Diz pro juiz que recebemos a comunicação da Secretaria de Segurança com o pedido dele.
"Em seguida informa que o réu Orlando Sabino se encontra recolhido ao Sanatório Judiciário Jorge Vaz em Barbacena, em razão de

decisão tomada por autoridade superior. E deixa claro que a decisão é do Dr. Ferdinando Barroso Filho, diretor do Departamento de Organização Penal da Secretaria do Interior e Justiça.

"É só isso! Ele vai entender do que se trata!"

"SEI NÃO. ESTÃO TENTANDO ENROLAR
A JUSTIÇA, DOUTOR. O SENHOR
NÃO RECEBEU NENHUMA ORDEM
PRA DEIXAR ISSO PRA LÁ?"

ITUIUTABA
FÓRUM LOCAL
GABINETE DO JUIZ DA PRIMEIRA VARA CRIMINAL
10 DE NOVEMBRO DE 1972

Diálogo entre o juiz e o escrivão Aílton Prazeres:

— Doutor! Hoje é a data marcada para a apresentação de Orlando em juízo, mas ele não veio: de nada adiantaram nossos pedidos.

— Ele está no Manicômio de Barbacena, de acordo com o ofício 1.801 do gabinete do delegado de Vigilância Geral.

— Alguma coisa não está legal nessa história, doutor, se é que o senhor me permite dizer.

— O quê, por exemplo?

— O pessoal da polícia de Belo Horizonte não está dando a menor importância pra este processo contra o Monstro...

— Você quer dizer que eles não estão dando a menor bola para a Justiça... Quem está decidindo o destino de Orlando é a polícia lá em Belo Horizonte.

— É... doutor... é isso! Como é que esse cara está no Manicômio de Barbacena? Com ordem de quem da Justiça?

— Em maio deste ano, o juiz de Canápolis aconselhou sua internação para exames mentais. Em março, o perito da Fundação Estadual de Assistência Psiquiátrica de Belo Horizonte já dissera que ele era oligofrênico e deveria ficar sob custódia policial até conclusão do inquérito relativo aos crimes.

— Para não trazê-lo a juízo, estão dizendo que ele está no manicômio desde setembro deste ano, por ordem superior!

72 CARLOS ALBERTO LUPPI

— Mas os jornais de Belo Horizonte disseram que ele foi para o manicômio no dia 2 deste mês de novembro.

— Isso significa que em outubro ele estava na Casa de Detenção de Belo Horizonte e não no manicômio!

— Foi uma desculpa esfarrapada. Estão tentando enrolar a Justiça, doutor!

— Estranho... a Justiça pediu um acurado exame de sanidade mental nele em março deste ano. Até agora não fizeram o exame detalhado. Se ele está em Barbacena, por que não fizeram o exame ainda? Simplesmente jogaram o cara lá!

— Coloca nos autos que não houve a apresentação do réu para depor em juízo nesta data.

— Doutor... vou falar sério. Este caso não está pra nós não! A gente é peixe pequeno, doutor!

— Vou pedir ao Ministério Público para se pronunciar e solicitar os exames. Senão ele vai ficar em Barbacena o resto da vida sem laudo e preso.

— E nós aqui esperando! Sei não! história complicada essa, doutor! O senhor não recebeu nenhuma ordem para deixar isso pra lá?

ITUIUTABA
GABINETE DO PROMOTOR DE JUSTIÇA
4 DE MAIO DE 1973

No telefone que acabara de atender, o promotor fala enquanto anota:

— Vou mandar verificar.

"O paciente sofre de alienação mental? Em caso afirmativo, será possível determinar a data em que isso passou a ocorrer? O paciente tem intervalos lúcidos? Com que freqüência? Na época dos crimes, ele era incapaz de entender o caráter criminoso dos fatos?"

ITUIUTABA
ESQUINA DA RUA 22 COM A RUA 15
9 DE MAIO DE 1973

O juiz Alarico Andrade, a caminho do Fórum, encontra-se com o promotor Marcos Luz.

— Doutor, encaminhei a solicitação dos exames.

— É... eu recebi. Mas está tudo estranho. Sinto-me quase incapaz nesse caso. Parece que decidem tudo em Belo Horizonte.

— O réu está com esses pedidos de exame mental detalhado desde março de 1972 em Canápolis. Nada foi feito.

— Não o trouxeram a juízo apesar de meus insistentes pedidos e ofícios, até mesmo ao secretário de Segurança!

— Disseram que estava no manicômio por ordens superiores desde setembro de 1972, mas na verdade só o mandaram para lá em novembro. Mentiram descaradamente. Por que motivo?

— É estranho, doutor! Muito estranho!

— Agora mais uma! O *Estado de Minas* noticiou anteontem, dia 7 de maio, que o Monstro submeteu-se a exame de sanidade mental, sendo depois disso recolhido ao Manicômio Judiciário. Estou hoje requisitando oficialmente ao Departamento de Organização Penal da Secretaria do Interior e Justiça uma cópia do laudo pericial noticiado. O andamento do processo está dependendo disso, desse laudo.

— Sai na imprensa e a gente não sabe de nada!

— Mais de um ano e nada de laudo médico oficial!

74 CARLOS ALBERTO LUPPI

— Doutor... o senhor pode contar comigo! Mas isso está esquisito! Quem está condenando este tal de Orlando, doutor, é a polícia, não é a Justiça!

BELO HORIZONTE
GABINETE DO SECRETÁRIO DE SEGURANÇA
PÚBLICA
10 DE AGOSTO DE 1973

Conversa do coronel com seu chefe de gabinete:

— Coronel, é o terceiro ofício desse juiz de Ituiutaba pedindo a remessa de uma cópia do laudo de sanidade mental desse Orlando, o Monstro! Acaba de chegar mais um!

— O cara é débil mental! Está em Barbacena! Encaminhei pra lá!

— O primeiro ofício foi em 9 de maio pro Dr. Ferdinando, do Departamento de Organização Penal.

— Sei...

— O segundo, em 9 de julho, pra lá também!

— E agora para o senhor, coronel, datado de ontem.

— Manda para o pessoal da Nona Divisão Regional de Segurança Pública em Barbacena, manda eles se virarem, não tem laudo? Façam um laudo!

BARBACENA
NONA DIVISÃO REGIONAL DE SEGURANÇA PÚBLICA
31 DE AGOSTO DE 1973

Gabinete do chefe da Divisão Regional de Segurança Pública. Ele está ao telefone, conversando com um assessor da direção do manicômio judiciário.

— Ainda bem que já fizeram esse laudo do tal de Orlando! Já tem quase um ano que ele está no manicômio!

— É, doutor, foi no dia 27 de agosto. Um laudo dos peritos do manicômio. Tem umas dez páginas. É o que todo mundo sabe. Não é isso mesmo? Louco! Assassino! Vai mofar por aqui! Ou então acaba morrendo!

— O coronel! Sei! Recebi! Estou enviando pro juiz o laudo hoje ainda. Deve chegar lá para o dia 6, 7 de setembro!

— Daqui a um tempo essa história acaba. Como um vento que passou pela estrada! Afinal, é o Morro da Forca! Nunca vai deixar de ser, doutor!

— Está bem! Correto! Estou atento! Obrigado!

Desliga. Pára. Pensa. Puxa um cigarro do bolso da calça. Sai da sala. Chove torrencialmente. Início da noite. Raios e trovões.

BARBACENA
MANICÔMIO JUDICIÁRIO
27 DE AGOSTO DE 1973

Numa sala do manicômio, uma mesa de madeira escura, duas cadeiras, uma balança, uma máquina de eletrochoque, um armário de alumínio, um crucifixo na parede.

São nove horas da noite.

Na mesa, os peritos doutores Paulo Benício e Rosenberg Tereza.

À sua frente, o Monstro do Triângulo, "A Fera de Minas", Orlando Sabino, algemado nas mãos e nos pés, uniforme branco do manicômio em péssimo estado.

Na mesa, três folhas de papel datilografadas com o título "Versão Oficial dos Detidos", datada de 26 de maio de 1972 e assinada pelo promotor de Canápolis.

O olhar de Orlando voa longe.

Os peritos miram a "fera".

Silêncio total. A voz do promotor no gravador acionado por um dos médicos enche a sala.

"A primeira, com várias perfurações produzidas por arma de fogo, tiros de espingarda com cartucho carregada a pólvora e chumbo. A segunda, a tiros também. A terceira, da mesma maneira. Para saciar sua sede de sangue, Orlando continuou no dia seguinte, 25, semeando o luto, a dor e o desespero nos lares humildes de famílias campesinas. Mais duas pessoas seriam colhidas nas malhas da violência que então implantara o pânico nesta região, intranqüilizando o povo, com repercussão no Estado e em todo o território brasileiro.

"Inês Fernandes dos Santos, na Fazenda Piratininga, perdeu a vida quando na faina matinal foi surpreendida pelo sicário, ferida com instrumento penetrante, a cabeça atingida por instrumento contundente, e seviciada sexualmente. Ofereço respeitosamente, e em nome da verdade e dos valores morais e cristãos reverenciados por toda a sociedade, denúncia contra Orlando, já qualificado pela prática de monstruosos crimes, uma série de crimes nefandos consumados pelo criminoso com requintes de selvageria e perversidade.

"No dia 24 de fevereiro foram barbaramente assassinados Enivaldo Alvarenga Pereira, entre 13h30 e 15h; Antonio Francisco Gonçalves, num lugar denominado Córrego das Galinhas, por volta das 10h30; Manuel Augusto Pinheiro nas imediações desse mesmo lugar, cerca das

10h: todos com feridas produzidas por agente penetrante, crânio aberto por agente contundente, projéteis de arma de fogo, e feridas por agente cortante. Nesse mesmo dia, mais ou menos às 10h30, atentou o nefando contra a vida de Geralda Carvalho de Siqueira, Odete Batista Gonçalves e Osmar Gomes da Silva.

"João Leandro da Silva, ao amanhecer, às 5h30, foi alvejado gravemente por projéteis de arma de fogo na região ilíaca esquerda. Tudo isso está fartamente comprovado. Em apenas dois dias fatídicos, sombrios e angustiantes, revelando uma fúria assassina incomum, Orlando ceifou quatro preciosas existências não alheio à sua vontade. Somente neste município.

"E isto tudo com todas as cores da futilidade, da traição e da crueldade. Por tais motivos de crimes qualificados, deverá o acusado ser submetido a julgamento a fim de que no final lhe seja imposta a necessária medida de segurança pela prática de fatos previstos como crimes, sendo patente a sua alta periculosidade."

Um dos peritos desliga o gravador. Silêncio. Sala escura. Foco de luz no acusado, olhando no vazio. Começam os exames.

IDENTIFICAÇÃO

Nome — Orlando Sabino
Pais — Jorge Francisco, lavrador
Benedita Rodrigues — doméstica
Nacionalidade — brasileira
Naturalidade — Arapongas, Paraná
Data de nascimento — ignorada
Idade — 25 anos, estimados
Estado civil — solteiro
Instrução — analfabeto
Procedência — Canápolis
Matrícula — 2109

78 CARLOS ALBERTO LUPPI

Apelidos — O Monstro do Triângulo, A Fera de Canápolis, Orlando sem nome

INSPEÇÃO GERAL

Indivíduo de cor escura, estatura mediana, compleição franzina, cabeça achatada, braquicéfalo, fronte ampla em escudo, cabelos de implantação normal, olhos castanho-claros, nariz achatado, boca grande, lábios grossos, pêlos da face escassos, pescoço alongado, tórax franzino, membros superiores e inferiores longos e pouco musculosos. Na mão esquerda tem falta da segunda e terceira falanges do indicador, perdidas em acidente com arma de fogo.

ANAMNESE FAMILIAR

Pela dificuldade de comunicação do periciado, não é possível colher qualquer dado de interesse.

EXAME SOMÁTICO

O periciado de nada se queixa, como também não se percebe pelo seu comportamento e mímica qualquer sofrimento físico.
Apresenta órgãos e aparelhos funcionando regularmente. Pressão arterial 120/70, pulso com 72 batimentos por minuto, ritmado, cheio, bulhas cardíacas normofonéticas.

EXAME NEUROLÓGICO

Mancha estática e atitude de résnormais, reflexos pupilares normais à luz, acomodação para longe e perto, reflexos osteotendinosos normais, reflexos cutâneos e mucosos normais, sensibilidade térmica e dolorosa normais.

VERSÃO DOS DELITOS PELO PERICIADO

O periciado não tem iniciativa para fazer qualquer relato dos crimes. Respostas sempre conduzidas pelas perguntas. Perguntas afirmativas, responde sim. Perguntas negativas, responde não.

EXAME MENTAL

Não tem cuidado nem interesse pela sua aparência pessoal. Vestes em desalinho, malcuidadas, sujas. Higiene corporal deficiente. Periciado completamente desorientado. Quanto a tempo, espaço e meio, executa ordens que recebe. Gesticulação e mímica inexpressivas. Expressão fisionômica incompreensível, atoleimada. Não tem interesse pelos exames. Sucessão de palavras ininteligíveis. Exame de memória difícil. Não fornece elementos suficientes para uma avaliação. Afetividade alterada. Impossível a aplicação de teste psicométrico. QI eficiência e projeção, periciado altamente deficiente.

VIDA NO MANICÔMIO

Periciado internado com recomendação de rigorosa vigilância. Periciado tentou fuga. Conduta diante dos companheiros é de absoluta indiferença. Não faz amizades. Fica recolhido ao leito. Todas as suas atividades dirigidas, mesmo alimentação.

CONCLUSÕES

O periciado, considerando todos os sintomas registrados, é portador de oligofrenia, e, como tal, nas condições previstas no artigo 22 do Código Penal.

Periciado ao tempo das ações criminosas, inteiramente incapaz de entender o caráter criminoso dos fatos.

CARLOS ALBERTO LUPPI

Periciado ao tempo das ações **criminosas**, inteiramente incapaz de determinar-se.

Periciado com desenvolvimento **mental incompleto**.

Silêncio. Os peritos se entreolham, preocupados.

Orlando é retirado da sala. A luz é desligada. O reflexo da lua risca a mesa de madeira. Um grito varre a noite. Depois outro. Outro mais. Um som surdo e seco. De novo, o silêncio.

ITUIUTABA
CORREDOR DE ENTRADA DO FÓRUM LOCAL
11 DE OUTUBRO DE 1973

O promotor Eraldo Oberdan, mulato de 40 anos, dá uma entrevista à rádio local:

— As provas carreadas no processo são mais do que suficientes. Elas são fruto, em grande parte, da forma diligente e laboriosa com que foi conduzido o inquérito policial desse caso do Monstro. Além disso, a confissão do acusado, a materialidade dos delitos, a barbaridade do crime, os antecedentes do réu, tudo isso são elementos mais do que suficientes para justificar a pronúncia do mesmo.

"Há que se ressaltar o aspecto da insanidade mental, o que determinaria sua irresponsabilidade. Mas vou denunciá-lo pelos crimes. É culpado! Vou requerer seja o réu Orlando pronunciado, a menos que, aceito incondicionalmente o laudo da insanidade mental referido e suas conclusões, a Justiça entenda ser a aplicação da medida de segurança cabível no caso."

"TRATA-SE DE UMA FARSA RIDÍCULA.
UMA HISTÓRIA MONTADA PARA
ENGANAR A OPINIÃO PÚBLICA."

ITUIUTABA
AVENIDA PRINCIPAL DA CIDADE
19 DE OUTUBRO DE 1973

O Dr. Arnaldo Ramos, nomeado curador e defensor de Orlando, é entrevistado.

— Não! Não concordo! O processo é nulo! O denunciado nega a autoria. Os elementos processuais tornam a denúncia totalmente improcedente. Propor a aplicação de medida de segurança é um escândalo, um escárnio à Justiça! Não se aplica medida de segurança alguma onde e a quem não cometeu os fatos narrados na denúncia. Pela análise dos autos, só temos um caminho, ou seja, a improcedência da denúncia.

"Trata-se de uma história montada, uma farsa ridícula, uma total injustiça contra um acusado totalmente inocente. Eu não tenho medo e não vou ficar calado! Não vou admitir essa farsa montada para enganar a opinião pública, nem compactuar com ela.

"O processo está repleto de nulidades. Acharam um bode expiatório perfeito, sem eira nem beira, um pobre coitado, e sobre ele caiu a culpa do mundo. Sabino é um oligofrênico, isto é, um elemento de desenvolvimento mental retardado, intelectualmente carente, incapaz de entender as circunstâncias de perigo e o caráter criminoso dos fatos que lhe foram imputados.

"Seu vocabulário é pobre e ele tem dificuldade de entender o que se lhe pergunta e de expressar qualquer idéia.

"Como crer na autenticidade da peça literária em que se construiu a sua confissão na polícia? A quem atribuir aquela versão tão ordenadamente disposta que o coloca culpado de todos esses crimes?

84 CARLOS ALBERTO LUPPI

"Não há a menor possibilidade de ter sido ele o autor de qualquer destes crimes, que tanta repercussão tiveram em Minas e no país inteiro!

"Orlando é um atoleimado, não se podendo dar qualquer crédito à validade de sua confissão, que é uma peça juridicamente ineficaz, imprestável para qualquer indagação jurídica mais séria. Não há provas cabais contra ele. É necessário que a denúncia seja julgada improcedente. Ele definitivamente não é o autor.

"Tudo, todo o processo, é um lamentável *equívoco*."

CANÁPOLIS
19 DE NOVEMBRO DE 1973

Na pequena sala do fórum local, apenas algumas pessoas estão atentas quando o juiz começa a interrogar o réu Orlando, o "Monstro do Triângulo".

Orlando chegara na noite anterior, algemado, trazido do Manicômio Judiciário de Barbacena, para onde fora levado em 2 de novembro de 1972.

Olhar parado e andar lento, ele está diante do juiz.

Parece incapaz de qualquer reação. Assustado e tímido, mirando o chão.

Bem diferente de março de 1972, quando, interrogado pela polícia, fora induzido a confessar todos os crimes ocorridos na região.

— Você se lembra de já ter vindo aqui?

— Já.

— Quando?

— Não sei.

DINASTIA DAS SOMBRAS   **85**

— Já andou por esta região?

— Já.

— Você sabe o nome desta cidade?

— Não senhor.

— Você sabe dizer se já cometeu crimes aqui, já matou alguém aqui?

— Não sei dizer não.

— Já trabalhou aqui?

— Já.

— Sabe dizer com quem?

— Sei não.

— Lagoinha e Brumado. Já ouviu falar esses nomes?

— Não.

— Isto aqui é um revólver e serve para matar?

— É, serve.

— Isto aqui é uma espingarda e serve para matar pessoas?

— É, serve para atirar.

— Já deu tiros com estas armas?

— Dei não.

— Não deu tiros nem com outras armas?

— Dei não senhor.

— Você conhece canoa que anda pelo rio?

— Sei.

— Você gosta de andar em canoa?

— Pouco, né?

— Você não matou pessoas? Essas pessoas que te acusam?

— Matei não.

— Você sabe o que é matar?

— É não!

— Vou mandar ler os nomes de pessoas que estão dizendo que você matou... Você lembra disso?

— Num sei de ninguém não.

— Você morava no mato?

— Sei não.

— Você já entrou em casas de outras pessoas?

— Não.

— Como você veio parar aqui?

— A pé.

— O que é isso que você tem no dedo da mão?

— Machucado de espingarda.

— Você gosta de açúcar?

— Gosto.

— Você se lembra de ter sido preso, ido para a cadeia?

— Não, não fui preso não!

— E agora, você está preso?

— Não estou preso, estou preso e solto!

— Se você sair de onde está, quer ir para junto de sua família?

— É...

— Pode concluir. Pode soltar o réu, é oligofrênico segundo os peritos. Não tem como prosseguir com isto! Não faz sentido! — grita, irritado, o juiz.

SÃO PAULO
AVENIDA PAULISTA
ESCRITÓRIO DE ADVOCACIA
19 DE NOVEMBRO DE 1973
11h

e

CANÁPOLIS
SAÍDA DO RÉU ORLANDO SABINO DO
GABINETE DO JUIZ
19 DE NOVEMBRO DE 1973
11h

O ADVOGADO ARNALDO RAMOS, EM SÃO PAULO, DÁ UMA ENTRE-VISTA A DOIS JORNALISTAS. CONTA OS FATOS COMO SE FOSSE UM INCONFORMADO NARRADOR DA HISTÓRIA. AO MESMO TEMPO, EM CANÁPOLIS, ORLANDO DEIXA O FÓRUM. INICIA SUA VIAGEM DE VOL-TA AO MANICÔMIO.

— Orlando Sabino não é o autor de qualquer crime. É oligofrênico. É indiscutível este fato face às perícias contidas nos autos, mas, uma vez não sendo o autor dos fatos tidos como criminosos, é incabível também a aplicação de qualquer medida de segurança!

"Neste caso, em não sendo Orlando Sabino o autor dos fatos crimi-nosos e em sendo ele irresponsável, não é o caso de aplicação de medi-da de segurança. Ela é injusta, ilegal e não é aplicável no caso de um indivíduo totalmente inocente. A ausência de culpabilidade exclui a imposição de pena, por maior que possa eventualmente ser a periculosidade.

88 CARLOS ALBERTO LUPPI

A sociedade não pode segregar ninguém sob a presunção de periculosidade."

ENQUANTO O DR. ARNALDO VAI EXPONDO SUA OPINIÃO, ORLANDO, SOB FORTE ESCOLTA POLICIAL-MILITAR, RETORNA A BARBACENA.

ALGEMADO, É JOGADO NO CAMBURÃO.

CINCO CARROS COM POLICIAIS FORTEMENTE ARMADOS O SEGUEM.

ORLANDO NA ESTRADA. QUIETO, SILENCIOSO. A VIAGEM DURA NOVE HORAS.

ATÉ A CHEGADA DE ORLANDO A BARBACENA PARA CUMPRIR MEDIDA DE SEGURANÇA, O COMBOIO POLICIAL SÓ PAROU UMA ÚNICA VEZ.

ORLANDO CHEGA A BARBACENA DE NOITE. É RETIRADO DO CAMBURÃO. GRITA.

EM SÃO PAULO, O DOUTOR ARNALDO É ENFÁTICO:

— A medida de segurança poderia ser substitutiva da pena, caso fosse ele o autor dos crimes. Porque ele é inimputável. Orlando é irresponsável, não tinha consciência do caráter criminoso dos fatos. A medida de segurança só poderia ser supletiva caso houvesse crime nos autos. Não é o caso. Ele não fez nada!

ORLANDO ENTRA NO MANICÔMIO. SOBE A ESCADA PRINCIPAL. AS GRADES DO CORREDOR CENTRAL SÃO ABERTAS.

— Caberiam medidas familiares, medidas recuperatórias particulares, nunca tomar como medida punitiva a medida de segurança, a pretexto de periculosidade presumida, quando o réu, não comprovada a sua autoria do crime, deve ser despronunciado ou impronunciado. É a lei! — confirma o Dr. Arnaldo.

É NOITE. ORLANDO É LEVADO PELO CORREDOR CENTRAL ESCU-
RO DO MANICÔMIO. É TRANCAFIADO NO SUBSOLO EM CELA INDIVI-
DUAL. OS DEMAIS SENTENCIADOS CHEGAM ÀS GRADES DE SUAS CELAS
PARA OLHÁ-LO. ALI É JOGADO.

TENTA GRITAR. CHORA. DÁ PEITADAS NAS GRADES, SEU OLHAR É
DE DESESPERO NA ESCURIDÃO.

— É um processo cheio de nulidades técnicas. Até cerceamento de
defesa houve, e de forma constante. O réu sequer foi citado na forma
da lei. Jogá-lo atrás das grades num manicômio é um crime!

O DR. ARNALDO RAMOS CONTINUA NARRANDO OS FATOS. É NOITE.

— Quer ver outro exemplo clássico?

"Como pôde Orlando ter sido acusado de usar arma de calibre 32,
quando no corpo das vítimas foi encontrado projétil de calibre 44?"

**BELO HORIZONTE
DEPARTAMENTO DE POLÍCIA TÉCNICA
SEÇÃO DE IDENTIFICAÇÃO DE ARMAS E MUNIÇÕES
11 DE ABRIL DE 1972**

Os peritos acabam de realizar o exame de balística na arma que a
polícia disse ser de Orlando Sabino. eles apagam as luzes da sala da pe-
rícia, após colocarem o projétil calibre 44 em um pequeno saco plástico
e lacrá-lo. Saem pela porta dialogando.

— Calibre 32! Nunca! É 44.

— Tem gente das forças militares metida nessa história?

— Sei não! Tudo é possível!

— Boa noite, doutor!

— Boa noite!

"TUDO IMAGINAÇÃO. UM PROCESSO ERIGIDO NAS ONDAS DO SENSACIONALISMO, DA CRENDICE, *DO MEDO E DA IMPUNIDADE*."

SÃO PAULO
19 DE NOVEMBRO DE 1973
AVENIDA PAULISTA
ESCRITÓRIO DE ADVOCACIA

DR. ARNALDO RAMOS CONTINUA SUA NARRATIVA. SÃO 23 HORAS.
ELE ESTÁ VISIVELMENTE CANSADO.

— Foi exibida a Orlando uma arma de fogo que disseram ter ele usado para matar o velho de Capinópolis e cometer outros crimes. Consta de sua confissão na polícia que a arma é calibre 32, mas os peritos foram claros ao dizer que o projétil tem características semelhantes aos de padrão de calibre 44. É mais uma demonstração de que o processo contra Orlando é absolutamente incompatível para servir de elemento sério para atribuir-se autoria a quem quer que seja, muito menos a Orlando Sabino, vítima das coincidências e das circunstâncias.

"Quem teria a arma de calibre 44 que foi utilizada nos assassinatos? Quem, Orlando Sabino? Não, ele não possuía tal arma! Com certeza!

"Além disso, há o absurdo total do relato das testemunhas em juízo. Ninguém viu, ninguém ouviu nada, ninguém sabe nada. Agora, com as marés baixas, com a calma oriunda do tempo, o melhor conselheiro, vêm as testemunhas a juízo tributar seu culto à Justiça.

"Os testemunhos na polícia não passam de bolhas de sabão. Tudo especulação, imaginação, nada juridicamente válido. Muitos e muitos fatores poderiam ter conduzido outrem que não Orlando a praticar os crimes. Até fatores secretos.

"Os assassinatos bem poderiam ser atribuídos a outras pessoas, caso Orlando Sabino não estivesse abobalhadamente pelas imediações. É o cúmulo, mas são os fatos que, agora, friamente analisados, nos revelam

94   Carlos Alberto Luppi

quão afoito é o julgamento dos homens, quando apaixonados ou quando amedrontados.

"É um processo totalmente falho em matéria de produção de provas, erigido nas ondas bravias do sensacionalismo, da crendice, do medo e da impunidade."

ITUIUTABA
FÓRUM LOCAL
SALA DO TRIBUNAL
5 DE OUTUBRO DE 1973

As testemunhas vão sendo chamadas para depor perante o juiz, na presença do promotor público e do advogado nomeado curador do réu.

IDENTIFICAÇÃO TESTEMUNHA UM

Nome da testemunha: José Lutero Filho
Idade: 46 anos.
Estado civil: casado
Profissão: lavrador
Residência: Capinópolis

— Não senhor! Não assisti aos crimes, eu me encontrava em casa com minha família. Apenas ouvi rumores dos fatos...

"Não sei e nem posso afirmar que o acusado é o autor dos homicídios. Não posso falar nada nem mesmo por ouvir dizer. Só sei que o acusado é apontado como autor. Nunca ouvi o tal Orlando que chamam de Monstro. Também não vi não! Não sei quem é o autor da degola dos bezerros de Martim Feliciano. Eu não conheço esse tal de Martim também não.

"Não posso dizer mais nada! Não sei de mais nada!"

IDENTIFICAÇÃO TESTEMUNHA DOIS

Nome da testemunha: Merton Carlos de Andrade
Idade: 39 anos
Estado civil: casado
Profissão: lavrador
Residência: Capinópolis

— Não assisti à cena dos crimes. Não sei dizer quem foi que cometeu os crimes. Não sei dizer se Martim Feliciano, dono dos bezerros degolados, tem inimigos. Nunca vi esse tal de Monstro. Não tenho a menor idéia de quem se trata... Não conheço esse Orlando.

IDENTIFICAÇÃO TESTEMUNHA TRÊS

Nome da testemunha: Ana Maria Fagundes
Idade: 56 anos
Estado civil: casada
Profissão: doméstica
Residência: Capinópolis

— Não, doutor! Pra ser sincera mesmo, eu não vi nem o vulto da pessoa que praticou os crimes. Não sei se eles tinham inimigos. O velho maltratava muito o seu sobrinho, que no dia do crime não estava em casa. Esse sobrinho costumava dormir fora devido aos maus-tratos que recebia dos tios. Não conheço e nem nunca vi esse Orlando, acusado dos crimes.

96   CARLOS ALBERTO LUPPI

SÃO PAULO
AVENIDA PAULISTA
ESCRITÓRIO DE ADVOCACIA
19 DE NOVEMBRO DE 1973

QUASE MADRUGADA. OLHOS SONOLENTOS. O DR. ARNALDO RA-
MOS CONTINUA SUA NARRATIVA, DIANTE DOS REPÓRTERES.

— Como se pode ver, ninguém foi capaz de afirmar que presen-
ciou os crimes e que o criminoso fosse Orlando, a criatura capturada.
Mas havia sempre a presunção que o criminoso fosse o indivíduo que
misteriosamente perambulava pelas redondezas. Onde não há prova não
se pode atribuir a autoria, principalmente quando vários indícios nos
levam a crer na impossibilidade de imputabilidade de todos aqueles crimes ao mesmo indivíduo.

"Testemunhas foram arroladas, ouvidas, e com a maior cautela foram seus depoimentos reduzidos a termo.

"Por eles se pode perceber que o nível cultural de nossos roceiros
está altíssimo, bem acima do médio apurável nos meios intelectualizados
das cidades...! Os depoimentos das testemunhas na polícia foram um
atestado disso. São verdadeiras peças literárias... Quero crer com toda a
sinceridade, após conhecê-los na formação de culpa, que as testemunhas não são capazes de compreender nada do que lhes foi dito pelo
escrivão policial e que seria o seu depoimento, o seu próprio depoimento,
aliás, assinado.

"Tudo resultado da necessidade de se dar uma satisfação à opinião
pública. Mesmo que uma satisfação eivada na mentira e aceita pelo
clima de medo e impunidade. Como acreditar que um espetacular aparato policial militar com mais de 2.800 homens armados e especializados, montado na região, se destinasse tão-somente a caçar e prender
um homem analfabeto, retardado mental, não violento, subnutrido,

assustado, sem condições de locomoção? Como acreditar que um indivíduo como Orlando Sabino, que absolutamente ninguém conhecia e tinha visto de fato na região, seja o responsável por tantas mortes e crimes hediondos?"

Mais alguns minutos, dois copos de água engolidos às pressas, a gravata arrancada com certa dose de impaciência, os sapatos retirados com um chute no vento, e o advogado aparenta um ar de descrença.

O Dr. Arnaldo pede licença e se despede dos repórteres.

Um olhar vago sobre a mesa.

Duas bolinhas de papel rabiscado jogadas no lixo a distância.

— É isto! A verdade é isto! Mas eu sou apenas uma voz para dizê-la! Para dizer o contrário, são milhares!

"MINHA MULHER FOI SEQÜESTRADA
E ENVOLVIDA NUMA REDE
DE PROSTITUIÇÃO E DE DROGAS,
COMANDADA POR OFICIAIS
DA POLÍCIA."

SÃO PAULO
RESTAURANTE NA RUA BARÃO DE LIMEIRA
12 DE AGOSTO DE 1981

Magro, nervoso, pisca os olhos sem parar. Às vezes tropeça nas próprias palavras, em evidente estado de angústia Paulo Antônio fala de forma compulsiva, mostra algumas fotos da mulher Sheila e da filha Beatriz.

— Perdi minha mulher em abril de 1971, e com ela minha filha também, na época com 3 anos de idade. Minha mulher foi envolvida numa rede de prostituição e de drogas comandada por altos oficiais da polícia. Foi seqüestrada, mas antes foi aliciada por policiais a mando de um coronel de grande influência. Tornou-se amante dele.

"É uma rede de mulheres drogadas e prostituídas a serviço dos interesses da polícia. São usadas para encobrir crimes, aliciar suspeitos, ouvir conversas, delatar pessoas. São pagas para isso. Muitas foram tiradas de suas famílias. Usaram sua ingenuidade, moças do interior, como é o caso de Sheila.

"Me sedaram e tiraram de casa em Belo Horizonte e me levaram para o interior. Me lembro que fiquei detido 30 dias e me largaram numa estrada no Triângulo, perto de Goiás, praticamente sem roupas e totalmente drogado.

"Quando retornei a Belo Horizonte, nunca mais as vi. Tinham sido seqüestradas pela polícia. Minha mulher foi para a prostituição a serviço da polícia, tenho absoluta certeza disso. Desde 1971 estou à procura delas. Será que vou vê-las um dia? Preciso de ajuda para encontrá-las e para desmascarar os chefes da polícia, minha filha está com 12 anos! Minha mulher, com 29! Não vou sossegar enquanto não resolver essa história!"

"Nós Estamos em Plena Luta.
Há Lugar para a Paixão. Desde que
Isso Não Signifique Deixar
de Lutar por Nossos Sonhos."

FOZ DO IGUAÇU
BOATE TRÊS FRONTEIRAS
SETEMBRO DE 1971
22h

Loura, cabelos oxigenados, 28 anos.
Vestido vermelho, cabelos soltos, lisos, nos ombros, bem cortados.
Lábios carnudos, um leve tom de batom brilhante, bonita.
Olhar insinuante, calmo. Inspira paixão e provoca compaixão.
Não é brasileira. Paraguaia, foragida da Argentina.
Seu nome, Sabrina Hernandez.

— O que se passa no meu peito é o melhor que o meu coração pode fazer por você e com você! E o meu coração pode fazer tudo! Por você! E tudo pelo mundo!

"Nós estamos em plena luta. Há lugar para a paixão, para o amor, desde que isso não signifique deixar de lutar por nossos sonhos. Meus companheiros estão provando isso na Argentina e em toda a América Latina. Vamos derrubar esses gorilas e vamos levantar o povo, eu não tenho medo.

"Vamos nos encontrar em São Paulo. De lá para uma inspeção na região de Goiás e Minas Gerais. Talvez eu fique por lá. More lá! Depende da determinação final de meus comandantes. Tem que dar uma força pro pessoal lá.

"Nós vamos nos encontrar além daqui. De alguma forma, faço chegar a você o meu paradeiro em São Paulo, em Minas ou na Argentina.

"Só te peço, nunca deixe de lutar pelo mundo! E não me esqueça nunca! Agora, vem, vem ficar comigo! Vem cá! Esta noite a paixão será a minha vida. Assim, sonho e sobrevivo, tudo ao mesmo tempo!"

SÃO PAULO
AVENIDA 23 DE MAIO
18 DE NOVEMBRO DE 1981
23h

O mineiro Paulo Antônio não chegou a ver a mulher Sheila e a filha Beatriz.

Ele está na calçada da avenida.

Morto com dois tiros no peito.

Sangue escorrendo pelo canto da boca.

Passa um rapaz. Pára, olha. Tenta reanimá-lo.

— Você precisa de alguma coisa?

Ninguém responde. Muitos carros buzinam. Com pressa.

A melancolia da noite é intensa. O rosto de Paulo Antônio é coberto pela primeira página da *Folha de S. Paulo*.

Duas horas depois chega uma ambulância. Um assistente confere a identidade do morto. Paulo Antônio é logo retirado dali.

SÃO PAULO
AVENIDA SÃO LUIZ
JANEIRO DE 1972

A carta não chega pelos Correios.

Está num pacote deixado no jornaleiro da esquina, devidamente endereçado com um pedido para ser entregue no prédio em frente.

"Talvez seja esta a última carta da minha vida. Não gostaria, mas tenho que me render aos fatos.

Escrevo e vou assinar com o meu sangue para provar o quanto eu gostei de você, o quanto nossas lutas são idênticas, o quanto nós queremos mudar o mundo pra melhor.

Mas estou cercada aqui em Buenos Aires. Não fui pra São Paulo e nem fui ainda pra Minas e Goiás. Os planos mudaram. Essa viagem tornou-se impossível, neste exato momento. Eles nos pegariam lá. Mas... tudo ainda é possível desde que escapemos com vida daqui.

Aqui, ao que tudo indica, vão nos matar, a mim e a meus companheiros. Acho que é muito difícil escapar deste cerco.

Nós não vamos sair daqui vivos. Isto já é certo entre nós, caso sejamos presos. Antes disso, nós nos matamos, pra não ter que entregar ninguém...

Mas talvez também por pensar em você eu ainda consiga enxergar um pouco de esperança. Por isso não vamos nos entregar, e sempre a sorte ou alguém pode ajudar.

Se eu não vir você nunca mais, nunca me esqueça e nem deixe de lutar. De qualquer maneira, vamos tentar romper o cerco, é um fiapo de esperança.

Minha prova é a minha assinatura com o meu sangue.

Sabrina."

"ELE LEVAVA A MORTE, A DESTRUIÇÃO,
O TERROR, E PUNHA EM RISCO
A SEGURANÇA NACIONAL."

ESTRADA RURAL
CANÁPOLIS — ITUIUTABA
3 DE DEZEMBRO DE 1973

O advogado anda pela estrada de terra batida. Tem 39 anos.

Três horas da tarde.

O sol corta a pele. Está muito quente. No horizonte, uma nuvem de gafanhotos é ameaça.

De onde ele se encontra pode-se ter noção das características da região do Triângulo Mineiro na divisa com Goiás.

Ele caminha por ali como a se certificar de tudo aquilo que pensa e sente.

"Mais de 100 mil quilômetros quadrados. Foi aqui que o horripilante 'Monstro' que vagabundeava por toda a área rural levou o medo a pequenos proprietários rurais, assassinando, ferindo, estuprando, danificando propriedades e animais e roubando.

Na imaginação provocada pelo medo, ele era visto praticando os crimes mais hediondos em vários locais e municípios diferentes. As cenas sanguinárias se repetiam diariamente em diversos pontos do Triângulo Mineiro, todas elas cheias de grande mistério e com um ponto em comum: ninguém presenciara os crimes para identificar, descrever e confirmar categoricamente serem de autoria do Monstro! Tudo era o Monstro!

A crendice popular reinante imaginava o Monstro como um elemento de grande porte, feroz, agressivo, poderoso fisicamente, capaz de destruir uma imensidade de vidas de uma só vez, dada a sua ferocidade, força e capacidade de locomoção surpreendente.

Os fatos se repetiam, sendo necessária a intervenção das mais altas autoridades da Segurança Pública de Minas Gerais para deslindar o

112　Carlos Alberto Luppi

mistério, já a esta altura, março de 1972, espalhafatosamente repercutindo em todo o território nacional.

Embalado pela fértil imaginação do nosso caipira, do proprietário rural, do roceiro, muito afeito a crendices, fácil de ser levado pelo exagero das informações que quase sempre conduz às lendas mais esdrúxulas, a imprensa deu vazão a seu instinto sensacionalista, oferecendo informações destituídas de fundamento, pegando informações de 'fontes fidedignas' de interessados em tumultuar a vida campesina.

Irresponsáveis que criavam histórias para meter medo nos crentes ignorantes moradores das áreas rurais. De dezembro de 1971 a março de 1972, nada no Brasil teve mais repercussão do que o Monstro.

É neste inacreditável palco que um batalhão de fotógrafos, cinegrafistas, repórteres de rádio e televisão e jornalistas se misturam a centenas de homens da polícia, do exército, do DOPS, dos serviços secretos, a especialistas em guerra rural, a cães farejadores, carros blindados, helicópteros e brucutus para documentar a caçada ao perigoso e misterioso ser que levava o terror aos roceiros e a toda a população, levava a morte, a depredação e a destruição e punha em risco a segurança nacional..."

"Eu Sou um Passarinho, um Passarinho. Eu Vôo, Eu Vou Voar, Vou Voar."

BARBACENA — MINAS GERAIS
MANICÔMIO JUDICIÁRIO
FEVEREIRO DE 1981
17h

Orlando está com 44 quilos.

Magro, surrada camisa azul, esquálido, olhar saltando nas órbitas, tropeça nas próprias pernas.

Lá vem ele, praticamente arrastado por dois funcionários negros de chinelos pretos e camisolão branco. Está de calção e descalço.

Orlando se afasta da grade de sua cela, olhos esbugalhados, treme.

Não se sabe se de frio ou de medo. Uma sensação de vácuo. Este vazio no coração do mundo.

Olhares cruzados. Passa um vento estranho com cheiro ruim.

É dia de visita. Seis meses de tentativas. O jovem está diante dele, finalmente.

— Foi você quem matou Cabral? E Jesus Cristo? Você matou Getúlio Vargas? Você matou Nossa Senhora? Você matou???....

— Matei sim.

— Quem mais você matou, Orlando?

— Nasci não sei onde. Não sou filho de ninguém. Tem silêncio por aqui! Pra São Paulo. Eu estou morrendo! Eu já morri! Tudo acaba! Eu... Eu...

Orlando engasga e chora convulsivamente.

Cai no chão. Se contorce todo. Cospe. Fica nervoso, peita a grade, uma, duas, três vezes. É seguro com força. Parece se acalmar.

Olha. Tenta apontar o dedo na direção dos funcionários do manicômio.

Não consegue.

Os funcionários puxam-no violentamente.

E o colocam de pé.

— Eu sou um passarinho! Eu sou um passarinho! Eu vôo, eu vôo, eu vou voar, vou voar...

Tropeça, ameaça cair, é reerguido e some no corredor escuro.

— Orlando! Orlando louco! Orlando sem nome! — grita um agente.

"UM DIA APARECE CINZA. OU NÃO.
ESTÁ VIVO, MAS NO FUNDO É
UM MORTO. QUEM VAI ACREDITAR
NUM LOUCO? DEIXA ELE LÁ!"

BELO HORIZONTE
1º DE MARÇO DE 1981

O telefone do gabinete do desembargador Domingues toca cinco vezes. Ele atende.

Na linha, uma voz grave. E firme.

— Doutor, lamento ter que dizer, mas Orlando tem que ficar onde está. A liberdade dele está lá dentro do manicômio. O senhor me entende, né??!

— Sim, chefe. Eu compreendo a situação... pelo que sei... nesses casos a Justiça adota medida de proteção. Eu não quero privar o preso de um local para comer e viver!...

— Doutor, o tempo vai mostrar que é melhor para ele ficar lá...

— Existe um medo de soltá-lo? Não fala coisa com coisa... Quem iria acreditar num louco? Ficar lá dentro é pior... Os tempos vão mudando.

— Não é não, pode acreditar, doutor. Vou repetir: morto ou vivo, lá dentro é melhor. No Morro da Forca ninguém escapa. Não escapa. Se mandarem abrir o morro vai ser o maior cemitério do mundo.

— Renovar a periculosidade, medida de segurança é prisão perpétua mesmo...

— Não tem ninguém pra reclamar. Fora, pode ser um troféu a ser usado. Dentro, continua em nossas mãos. Poderá morrer queimado. Poderá ser morto acidentalmente por terceiros. Poderá ficar vivo, mas vivo-morto, apaga como vela... Ninguém escuta. Mas é toalha azul, doutor. Um dia aparece cinza... Ou não. Por enquanto...

— Do ponto de vista jurídico...

— Doutor, doutor... do ponto de vista jurídico é medida de segurança... renovável... tem alguém pra reclamar? E se tiver vai levar um cara que está vivo, mas no fundo é um morto, um peso sem sentido.

— Tem os processos... louco sem culpa.

— Mas foram os juízes que o colocaram no manicômio, deram medida de segurança. Louco perigoso para sempre.

— Fatos da época. Imposições talvez? Louco para sempre que quisermos...

— É melhor assim. Ninguém vai reclamar. Nem se morrer. Deixa ele lá...

— Ok... nos vemos mais tarde no clube, coronel!

1991
DEZ ANOS MAIS TARDE

"ERA O HOMEM IDEAL. QUANDO O PEGAMOS SEU DESTINO ESTAVA TOTALMENTE PROGRAMADO."

BELO HORIZONTE
17 DE MARÇO DE 1991

À beira da morte no Hospital Sara Kubitscheck, em Belo Horizonte, o homem de 82 anos, calvo, emagrecido por uma doença devastadora, não tem mais o olhar prepotente de 20 anos antes, quando exibia poder e força, no comando de operações secretas.

Agora ele está ali desenganado pelos médicos, oito anos lutando contra doenças, torturado por suas lembranças. Olhar perdido no infinito da parede branca, segurando a mão da filha Luísa, médica, morena, 28 anos, 1,74m, olhos amendoados, verdes.

Na penumbra do quarto do hospital, Luísa olha desanimada. Baixa a cabeça e chora.

Voz enfraquecida, o velho coronel Edgard Felinto começa a contar.

— Orlando foi uma farsa. Orlando sem nome. É, Orlando sem nome, me lembro... Uma pessoa como ele era ideal para segurar a região, porque estrategicamente o pessoal da guerrilha estava começando a querer se instalar por ali. Ele foi achado no Paraná. Foi para o Triângulo para cumprir um papel. Ele não tinha ninguém, nem pai, nem mãe, nem irmãos, nada. Quando o pegamos, seu destino estava totalmente programado. Coitado, não tinha nem nome!

Articulando mal e devagar as palavras, o coronel fecha os olhos, titubeia, demonstra extremo cansaço. Parece se perder em meio às lembranças. Ele se lembra razoavelmente bem da história de Orlando ainda no Paraná, depois no Paraguai, "até ser mais um bode expiatório escolhido a dedo e colocado no Triângulo Mineiro".

— Nós recebemos uma ficha sobre ele. Sempre recebíamos fichas de pessoas que pudessem eventualmente ser utilizadas como "bodes expiatórios ideais". Orlando foi mais uma dessas fichas. Mulato, sem parentes, completamente perdido no tempo e no espaço. Era o nosso homem ideal. Estava numa casa de doidos, em Belo Horizonte. Quando precisou aparecer, foi parar no Triângulo e do nada virou o "Monstro que todos foram levados a temer."

Pelos olhos do aposentado coronel, a vida carrega muitas lembranças. A história de Orlando transcende uma ficha policial que o colocou como "Homem Ideal" para encobrir uma trama.

Orlando sem nome nasceu num miserável casebre da zona rural de Arapongas, no Paraná. O pai, em troca de comida, envolveu-se num conflito com jagunços por causa de uma disputa de terras e morreu em um tiroteio, com 10 tiros no peito, cinco dias após o nascimento de Orlando. Ele ficou com a mãe e mais seis irmãos, em extremo estado de pobreza.

Anos depois, a mãe morreu, e Orlando foi parar num orfanato já com problemas de retardamento mental. A história da família de Orlando é uma tragédia só. O pai e a mãe de Orlando eram irmãos cujos pais haviam sido assassinados quando eles ainda eram pequenos.

Do orfanato, Orlando foi parar na casa de um dentista da região, um senhor de 70 anos, solteiro, e que o empregara como jardineiro e tratador de cachorros. Orlando, indivíduo calmo, fazia pequenos serviços sempre sob comando do dentista e nunca por iniciativa própria. O dentista morreu. Orlando desapareceu. Pé na estrada, sem rumo. Foi parar no interior do Paraguai, trabalhando como faxineiro num bordel em Concepción. Sempre solitário e sem amigos.

Numa noite de forte tempestade, Orlando, com pavor a raios e trovões, tomado de pânico e medo invadiu o quarto de uma prostituta do bordel para se esconder.

A mulher e seu acompanhante, imaginaram que fosse um ladrão, balearam-no na penumbra.

Orlando, ensangüentado, fugiu dali, pela noite de tempestade. Quase morto, foi socorrido por uma velha paraguaia que o curou dos ferimentos provocados pelos tiros.

Em 1970, a polícia o deteve como suspeito de envolvimento no assassinato de um lavrador na região, também motivado por disputa e ocupação de terras. Ele estava por ali, andava, pedia um prato de comida, quando foi preso, algemado.

Assustado, não falava coisa com coisa. Apanhou, foi torturado. Nada. Dele só se obtinham gritos de dor e silêncio. Foi deixado na cadeia.

Em outubro de 1970, é tirado da prisão e levado para uma casa de "loucos" em Belo Horizonte. Uma operação feita de madrugada, sem alarde. Orlando ficou ali. Aguardava a sua hora. A sua vez de se tornar um "Monstro" capaz de mobilizar centenas de policiais numa das maiores caçadas humanas já ocorridas no Brasil.

O coronel agora vacila, respira fundo.

— Onde ele está hoje? O que foi feito dele?

— No nosso plano, ele ficaria no manicômio por alguns anos e seria esquecido. Depois seria queimado num acidente e enterrado numa estrada qualquer. E tudo acabaria assim. O resto, a história apaga, porque o tempo não tem dono. Acabou diferente???

BELO HORIZONTE
IGREJA DA PAMPULHA
1º DE MAIO DE 1991
10h

O coronel Edgard Felinto está bem no centro da igreja, num caixão de madeira escura, escoltado por 18 velas gigantes, em meio a oito jovens fardados da polícia.

128 CARLOS ALBERTO LUPPI

O coronel não resistira às complicações de sua grave doença e morrera no Hospital Sara Kubitscheck às cinco horas daquela manhã.

À frente do caixão, uma fila interminável de pessoas que aparecem para prestar-lhe uma última homenagem.

Políticos, senhoras elegantes, jovens e velhos. Militares. Luísa, a filha do coronel, a todos recebe com um cumprimento.

No canto à esquerda, a presença superdiscreta de um senhor, aparentando 65 anos, cabelos alinhados, pintados, terno preto, gravata cinza. Cabeça baixa, parece rezar enquanto aperta o indicador e o polegar da mão direita sobre a testa. É assim que ele costuma tentar aliviar a tensão e a dor de cabeça.

O padre entra na igreja para fazer as últimas orações em homenagem ao coronel, cumprimenta Luísa e os presentes. Ao iniciar o serviço fúnebre, o canto da esquerda está vazio.

Ao beijar o pai no caixão, Luísa não resiste às lágrimas.

**BARBACENA
MANICÔMIO JUDICIÁRIO
6 DE MAIO DE 1991
4h**

Ainda está escuro. Orlando está no chão frio do corredor central.

Todo marcado de sangue pisado. Olhos saltando da cara. Costelas quebradas. As duas pernas partidas, 48 quilos!

O guarda penitenciário chega, olha na penumbra, vira o corpo com os pés. Sobre o corpo, uma toalha azul. Toalha azul significa que o morto vai ser queimado, segundo os costumes antigos do Morro da Forca. Depois, ele abre os braços e diz:

— Acabou! Agora não tem mais ninguém aqui que é passarinho e vai voar. Toalha azul, toalha azul...

O sol da manhã de outono emite seus primeiros raios sobre a cidade de Barbacena.

Árvores, plantas molhadas pelo orvalho brilham. No ar, um cheiro de pão quente de padaria do interior. Dois garotos passam em suas bicicletas pela praça.

No mais, o silêncio só é cortado pelo ronco do motor de uma caminhonete D-20, arrancando devagar em direção à rodovia.

Há um pouco de névoa.

Um som confuso de vozes.

Um chiado. Vozes outra vez.

Mais chiados. Vozes, chiados, vozes.

Música e barulho de motor.

Quando a caminhonete pega a rodovia, a manhã já está clara.

2001
DEZ ANOS MAIS TARDE

"CHEFE, TUDO TERMINADO.
ACABOU COMO PROGRAMADO.
TOALHA AZUL, TOALHA AZUL."

CASA NO CAMPO
10 DE JUNHO DE 2001
MANHÃ FRIA. NÉVOA

As luzes da varanda do casarão se apagam.

Uma janela do segundo andar é aberta.

Um homem, 50 anos, cabelos penteados, casaco italiano, surge na janela e respira o ar da manhã.

Em seguida, passos delicados, caminha pelo quarto do casarão.

Olha carinhosamente a morena dormindo entre cobertores. Lembra da noite anterior. Uma mulher de olhos brilhando, num inesquecível momento de amor e paixão.

Com um leve sorriso, o homem se dirige ao quarto ao lado, desce as escadas, vai até a cozinha, põe água pra ferver.

Enquanto espera, coloca comida para o cachorro, que chega todo alegre.

Depois de beber o café, caminha para um escritório de móveis antigos e bonitos, quadros de Roberto Magalhães, Scliar e Augusto Rodrigues na parede, uma escrivaninha mineira, máquina de escrever, computador e papéis no chão.

Pega uma folha caída. Nela se lê: "O Dossiê da Iniqüidade." Coloca a folha na pilha de papéis. Abre o computador. Respira fundo. Está ansioso. Está nas últimas páginas do texto. Ele vai colocar um ponto final na sua história.

Na tela do computador, a data de 6 de maio de 1991, o dia em que Orlando sem nome apareceu com a toalha azul sobre o corpo no chão frio do corredor do manicômio.

136   Carlos Alberto Luppi

BARBACENA
MANICÔMIO JUDICIÁRIO
6 DE MAIO DE 1991
MADRUGADA

Três horas. O portão lateral do manicômio é aberto. Um vulto passa pela guarda, envolto em uma capa de frio. Ninguém vê seu rosto. Ele se encontra com o chefe da guarda, pega as chaves da cela do detento. O preso está deitado, dorme. O vulto chega, aplica-lhe uma injeção no braço esquerdo.

Instantes depois, uma faca fura-lhe o estômago.

Ele quase não se mexe.

Revira os olhos quando lhe quebram as pernas.

Depois, cai no chão.

Espatifa-se como uma xícara de louça.

O vulto aguarda alguns instantes. Debruça-se sobre o homem morto. Depois o arrasta para o corredor central do manicômio. Antes, joga uma toalha azul sobre o corpo, envolvendo-o em um saco.

Vira as costas e sai. Ninguém viu nada.

Manhãzinha. Primeiros raios de sol.

Ciclistas passam. Cheiro de pão no ar. Ronco do motor da D-20. Chiados. Uma comunicação pelo rádio da caminhonete. Sentado ao volante está o "vulto" que de madrugada entrara e saíra do manicômio. Cabelos alinhados, pintados, terno **preto**, gravata **cinza**, envolto numa elegante capa escura. Aparentando **65 anos**.

— Chefe, tudo terminado. (chiados)

"Chefe, acabou! (chiados) **Chefe, aqui é o Pedro Augusto.** De Barbacena. Tudo certo, está ouvindo? (chiados) Chefe. Como programado! Toalha azul! Toalha azul!"

Manhã clara. D-20 na rodovia, **ronco do motor**. Música, sol aberto. Paisagens. Sombras e luz. Árvores. Folhas caídas ao vento. D-20 trafega.

Pista. Horizonte. Pela frente, silêncio. Tudo calmo. Sol entra pelo pára-brisa dianteiro, ofusca a visão do motorista. De repente.

Tudo é muito rápido e inesperado. O motorista titubeia, se assusta, tenta desviar, manobra arriscada na pista. O freio não funciona. Trava.

Uma van azul em direção contrária, desgovernada, em questão de segundos bate na D-20. A van ia para Barbacena. Explosão. A D-20 está em chamas. Tentativa de movimento na porta em chamas, parece que o motorista tenta desesperadamente escapar. Não consegue. A explosão da caminhonete é inevitável.

De dentro da van salta um rapazote branco, cabelo pixaim pintado de louro, 26 anos, cara de bobo, meio zonzo, olhos esbugalhados, totalmente assustado, camiseta branca rasgada, todo sujo de fumaça. No bolso da camiseta lê-se: Hospital Sanatório Jorge Vaz. O motorista da van com uniforme da polícia está morto.

Um policial motorizado chega. Desce da moto. Se dirige até ele. Olha-o fixamente. Pergunta:

— Foi você quem fez essa merda toda, foi? — grita, dando-lhe uns tapas no rosto.

— Fui eu, sim senhor! Fui eu, sim senhor! — responde o rapazote, olhar assustado.

CASA DE CAMPO
10 DE JUNHO DE 2001

Escritório. Texto final na tela do computador.

Rosto do escritor. Pensativo.
Mãos nas teclas.
Na tela "PARTE FINAL: A FARSA MONTADA".

"PROVOCAR UMA SENSAÇÃO DE MEDO E PÂNICO. E ASSIM FAZER A LIMPEZA NECESSÁRIA SEM DEIXAR PISTAS."

ALTA FLORESTA — MATO GROSSO
SATISFACTION NIGHT CLUB
JANEIRO DE 2001
22h30

Sheila não tem mais do que 50 anos. Morena, cabelos fartos, sorriso discreto, meio assustado. Interessante, olhar firme, sem rugas. Um leve decote no vestido preto mostra uma pele clara, vistosa, e seios delicados. Não é espalhafatosa, nem exibe sorrisos largos. Fala quase sussurrando. Fica bem charmosa com sua voz rouca de tom triste.

— Eu soube! Morreu perto do aeroporto, em São Paulo. Eu gostava dele, era meio chato, mas acabei em outra vida. Era muito ingênua, garota do interior. Paulo Antônio nunca se conformou, é claro. No início eu até que relutei, mas eles tinham uma maneira de agradar a gente que era difícil escapar... Presentes, dinheiro, muita festa e drogas.

— Conheci o coronel em 1971, tive um relacionamento bastante íntimo com ele. Tinha prestígio e muita mordomia. O Monstro?... Estava lá... aquilo não fez sentido... acharam o cara, pegaram ele pra bode expiatório, pobrezinho... Foi uma loucura, uma operação de guerra pra pegar comunista e uns estrangeiros...

"Eu tinha 19 anos. Tinha sido encarregada de arrumar garotas pra ficar de serviço pra polícia em boates, casas noturnas, inferninhos. Uma rede! Muitas morreram! Eu posso imaginar que o Paulo Antônio tenha falado sobre isso. Estava certo. Tinha a pista, mas não foi malandro. Não quis se juntar, ficou contra. Teve um fim trágico, morto assim na rua, sem mais nem menos! Não estranho nada disso, fui informada, na época nem liguei...

"A história do Monstro ficou famosa, aquele pretinho, coitado, não matou ninguém. Ele nem sabia o que era isso direito! Quando prenderam ele, foi uma gozação só em Belo Horizonte! Uma farsa. Pegaram todo mundo que eles queriam, cercaram a região, dali ninguém ia escapar mesmo! Escapar como?...

"Eu conheci o coronel em julho de 1971. A gente teve uma atração de cara. Foi num shopping, como quem nada quisesse. Fui abordada gentilmente. Dias depois, me pegaram em casa e me levaram para um inferninho. Achei estranho, mas resolvi ver no que tudo aquilo ia dar. Em setembro, minha primeira noite com o coronel foi na verdade uma primeira tarde, na sala dele, com muita loucura e uísque. Depois virei amante dele, não vi mais meu marido, fui embora com minha filha em casa alugada pelo coronel...

"A verdade é que iam fazer uma limpeza na região. Tinham informações de que muitas pessoas estavam querendo se instalar ali. Eu ouvi o coronel dizer que o Triângulo não ia virar um foco de guerrilha...

"Em setembro, ele me pediu que recrutasse umas 20 meninas de confiança e que, em troca de favores e dinheiro, pudessem se deslocar para várias cidades na região do Triângulo, Goiás e Mato Grosso, ali pra baixo do Pará. Elas iam trabalhar em bordéis e servir de espiãs para a polícia. Iam ficar de olho, na escuta de qualquer elemento suspeito e qualquer pessoa estranha que aparecesse, inclusive gente com sotaque estrangeiro. Qualquer coisa diferente, a gente tinha que imediatamente comunicar à polícia.

"Eu arrumei as mulheres, é claro! Quatro foram para o sul do Pará, quatro para o Mato Grosso, oito para a região do Triângulo, quatro para a divisa com Goiás, tudo em cidades diferentes, de Uberaba a Centralina e Cachoeira Dourada, entre muitas outras.

"O coronel estava preocupado. Falava que as regiões de Minas, Pará, Maranhão, Goiás e Mato Grosso estavam infestadas de bandidos comunistas do Brasil e de outros países. Tinha informações da vinda de muitos estrangeiros para a região. Queria a todo custo evitar isso...

Queria mesmo dar um fim nisso! E sempre falava que ia precisar muito de mim pra que isso acontecesse! Dizia que era preciso isolar essa região toda."

BELO HORIZONTE
PAMPULHA — RESIDÊNCIA PARTICULAR
3 DE AGOSTO DE 1971
21h10

A reunião secreta está chegando ao fim. Dela participam 12 representantes "linha-dura" das forças de segurança comandados pelo coronel Edgard Felinto. Ele age também por determinação do general Tonico Maneira, um prestigiado chefe militar.

Sobre a mesa oval de madeira, um extenso e minucioso mapa está todo marcado com sinais coloridos. Eles começam a ser delineados em alguns pontos ao sul do Pará, nas áreas de Xambioá e Marabá. Depois, vão se estendendo para regiões logo abaixo, até se tornarem uma floresta de pequenos pontos vermelhos, amarelos, azuis e brancos no Triângulo Mineiro. Seguem abaixo do rio Tejuco, região do Pontal, até atingir Uberaba, mais precisamente o Quartel do Batalhão de Polícia. Os participantes falam entre si, local assinalado com uma letra P com grande destaque.

— As informações mostram uma ocupação progressiva da região desde 1967, e ninguém sabia disso. Devagar, foram se juntando lá... E não é só no Pará não! Está se estendendo... pra baixo, pro Maranhão, Mato Grosso e Goiás!

— Tem muito chileno, peruano, argentino e paraguaio chegando. Tudo comunista querendo arrumar um foco ali. Esta informação chegou de Buenos Aires e de Assunção. Tem até gente do Exército Revolucionário do Povo tentando chegar até ali...

— A guerrilha é uma só. Do Pará até o Triângulo. E com gente de fora também.

— O foco maior está no Pará, parece que já tem mais de 150 homens e mulheres lá. Na parte de baixo, ainda está se formando. Temos que exterminar o foco em cima e impedir que um novo foco se forme aqui mais embaixo...

— A situação é bem clara. É uma tática de criar um foco de guerra popular prolongada a partir do campo e daí invadir as cidades. Técnica maoísta, inspirada nas revoluções chinesa de 1949 e cubana de 1959. Será que acham que isso vai longe? Aqui no Brasil?...

"Sem um exército popular, nada haverá para o povo." Esta é a cartilha deles. Puro Mao Tsé-tung!

— Já tem mais de 30 abaixo do sul do Pará. Os informes são claros. Tem camponês no meio também, gente aliciada, cai no papo-furado, toma uma pinga aqui, outra ali e é levada no bico. Este pessoal não é mole não. É gente treinada que se aproveita do caboclo ingênuo...

— São vários destacamentos, e tem também uma comissão militar formada inclusive com o apoio de estrangeiros, de comunistas de vários países da América Latina. O ERP deve estar metido nisso, pelas informações mais recentes, mas tem gente do Peru e do Paraguai.

— Bem entendido que nossa missão é ocupar a parte do Triângulo, caçar os suspeitos vivos ou mortos, impedir que os comunistas estrangeiros entrem na região e não deixar que o pessoal da guerrilha no Pará, sendo reprimido lá, fuja e se desloque para a região do Triângulo e a divisa com Goiás...

— A Operação no Pará já está sendo preparada. O estouro da boiada vai ser em março e abril do ano que vem...

— Em novembro de 1970 houve a operação de contraguerrilha na tríplice divisa, a Operação Carajás. Mas foi muito acintoso e intimidatório.

— É, mas não tem agora a Operação Mesopotâmia? Não pega a região toda do Pará, Maranhão e Goiás até quase o Triângulo?

— É pra pegar todo mundo agora.

— É coisa do Planalto contra a ALN e a VAR... E a Ala Vermelha... Mas tem muita informação boa chegando!

— Tem mais de 50 agentes caçando 60 suspeitos, mas não chega até o Triângulo. Os focos principais são Imperatriz, Buritis, Porto Franco, São Sebastião, Tocantinópolis, vai por aí.

— Estão prendendo muita gente. Tem informações concretas do José Ercílio, aquele comunista filho-da-puta... E do Pedro Arquete também, outro cara muito perigoso. Tá por aqui ou no Maranhão?

— Passou por aqui. As informações colocam o Triângulo como alvo certo. Tem uma rede dos dois lados do rio Tocantins. Tem que segurar Goiás com Minas, senão explode!

— Não tem jeito. Não dá para ser só no despiste.

— Vai se estender. Claro que vai. Outro foco no Triângulo é quase uma conseqüência natural.

— Porra! Pra entender tudo é só pegar a cartilha da "Guerra Popular Luta Armada no Brasil". É a bíblia dos comunas, não está tudo lá?

— Antes disso, a gente entra embaixo e prepara o terreno pra ninguém sair de cima.

— Está claro. Se eles fugirem do Pará e de Goiás, no Triângulo eles não vão chegar vivos. E antes que comece lá, a gente cerca eles aqui. Na verdade, é uma Operação antiguerrilha. Uma estratégia de absoluta prevenção...

— A gente ataca o foco principal e com isso impede qualquer tentativa de novo foco de guerrilha. Se não for assim, vira rastilho de pólvora.

— Nossa mobilização tem que começar já. E tudo no mais absoluto sigilo.

— Como? Praticamente impossível... Uma região vasta, de cerrado. Uma ocupação militar na área vai chamar a atenção da região e do país todo...

— É isso mesmo! Vai despistar a atenção da imprensa e da população do foco principal de nossa ação. Essa vai ser uma tática infalível, não tem erro. O pau vai comer solto no Pará e ninguém vai ficar sabendo. Aqui no Triângulo, enquanto isso...

— É isso! A atenção do país vai estar voltada para esta região do Triângulo!

— E ninguém vai imaginar nossas operações no sul do Pará, no foco principal da guerrilha. Ao mesmo tempo nós pegamos quem fugir ou quem entrar no Triângulo para formar novo foco...

— A questão é que teremos que imaginar uma história qualquer capaz de gerar o maior impacto. Começar devagar, ampliar a ação em várias regiões e cidades e atingir o clímax meses depois, na hora de atacar a guerrilha no Pará.

— Tem que ser uma história que coloque medo na opinião pública, que gere confiança em nossa ação, seja fartamente assimilável pela imprensa, rádio, tevê, e todo mundo tem que acreditar.

— Vai ter que ter tanta repercussão quanto a conquista da Copa do Mundo. Tem que ser uma coisa muito bem pensada. Tem que impressionar.

— Espere aí... estou me lembrando de uma coisa, uma coisa está passando na minha cabeça.... como está a nossa Sala de Espera?

— É... Tem muita gente lá? Tem muito louco esperando?...

— Uns quatro ou cinco....

— E as mulheres? Vão ficar na escuta na região?

— Isso não será problema.. garanto...

— O pessoal da região é totalmente despolitizado e profundamente governista. Gente com muita crendice, superstição, acredita em qualquer coisa, é facilmente manipulável e tem forte sentido de colaboração com a polícia. E os fazendeiros não vão deixar de colaborar e se envolver, né?

— Nós podemos montar um destacamento especial contando com gente da área. Vão colaborar, pode ter certeza! Convoque o pessoal da Quarta Noite da Lua Cheia. É trabalho para eles!

— Gente que tem medo também.

— Pode ser por aí mesmo. Provocar uma sensação de medo e pânico crescente. E assim ocupar a área e fazer a limpeza necessária sem deixar rastro nem pistas. Arrumem um cara e coloquem ele em vários lugares ao mesmo tempo.

— Quando começamos?

— Já! Isso vai exigir a participação de todos, uma mobilização forte, uma condução acima de qualquer suspeita. O pessoal local terá que ser detalhadamente manobrado. O planejamento da ação tem que ser imediato, com a participação de nossos melhores estrategistas em operações de despiste, e exigirá ações violentas de grande impacto e capazes de provocar pânico crescente.

— Informe secreto... vai ser a Operação Agulha no Palheiro, vasculhar a área e impedir qualquer novo foco de guerrilha e qualquer fuga do Araguaia!

— Ocupação aos poucos, até o clímax, a partir de dezembro.

— No final, a Operação Timbrete, com desmobilização após o palheiro ser vasculhado. Dêem tudo o que o pessoal da Quarta Noite precisa.

— Timbrete?...

— Em homenagem aos espinhos da região... um espinho chato, tem que ser removido....

— Ha! Ha! Ha! Ha!..

A gargalhada é geral. Num canto, um cenário de cassino, com mesas de jogos variados, uma de sinuca e uma de bilhar. Na parede, um alvo para dardos com finas pontas de alumínio. Uma luz baixa envolve dados jogados sobre uma mesa de pôquer. Ao lado, uma bandeja com gelo, uísque e copos longos. Todos se servem num lento ritual de relax, depois de uma reunião de serviço.

"ELE COSTUMAVA DIZER QUE
'O CONDOR VAI PEGAR OS RATOS'."

BELO HORIZONTE
RESTAURANTE LILÁS GRILL
15 DE MARÇO DE 2001
17h

À meia-luz, o rosto de Sheila parece de seda. Ansiosa, olhar distante, mas não parece ter medo. Talvez mais calculista, sutilmente vingativa, quase compadecida de si mesma.

Não dá para esconder um leve toque de ira na voz.

O sol se esconde, a garrafa bronzeada de cerveja não brilha, uma luz se acende. O garçom liga o ventilador.

— A coisa toda começou mesmo aos poucos em dezembro de 1971, talvez final de novembro, já tinha polícia se infiltrando lá. Primeiro, a morte de um cara em Patrocínio, no início de dezembro. Depois, outro em Coromandel, no final do mês. No dia seguinte, em Lagamar dos Coqueiros, outro. Em janeiro, mais dois ou três em cidades diferentes. Tudo com jeito, para assustar mesmo, gerar o maior pânico.

"Em fevereiro, a coisa foi ficando brava, polícia pra tudo que é lado, todo mundo estava lá. E já havia a história do Monstro, um prato cheio para os jornalistas com a população inteira morrendo de medo, escolas fechadas, gente que não queria mais sair na rua. A imprensa fez uma arruaça danada, e o pânico tomou conta. O DOPS, o exército, a polícia secreta, tava tudo lá. E um grupo de caçadores especializados e treinados.

"Tudo com esmagamento de crânio, tiros, pauladas, sem testemunhas, na calada da noite, em locais variados e distantes. No início de 1972, o coronel já estava na região comandando uma tropa especial. Aí começou a 'Caçada ao Monstro do Triângulo Mineiro'.

152 CARLOS ALBERTO LUPPI

"Espalharam a história do louco. Era como se ele fosse um gigante armado até os dentes. Novos crimes foram acontecendo, e a notícia correu o Brasil. Eu estava em Ituiutaba em março de 1972. O coronel veio ficar comigo naquela noite, algumas prisões já tinham sido feitas.

"Ele me disse que a limpa final estava bem próxima, que estavam tentando tomar conta do Brasil e havia muitos estrangeiros na área. Mas ele foi bacana, foi uma noite pra aliviar as tensões. Estava apreensivo, é claro, eu também, com a situação dele; entendi que a coisa era muito mais séria do que as aparências indicavam, fiquei calada, fiz amor sem gritar e até sem me espantar com as lagartixas que corriam pelo teto do quarto. Ah! o coronel sempre foi um *gentleman*.

"Estava preocupado com o excesso de notícias, mas garantia que tudo estava sob controle. Nessas horas ele costumava dizer que 'o condor vai pegar os ratos'.

"Foi então que me revelou que já tinham o Monstro na gaiola, só esperavam o momento certo pro 'bicho ser solto no mato'.

"Na hora agá eu ia ver, era só uma questão de mais um tempinho, me disse ele. Quando saiu de manhã, me pediu que eu esperasse por ele e me garantiu que 'até o dia 15 tudo vai acabar'."

DIVISA DE MINAS COM GOIÁS
15 DE FEVEREIRO A 16 DE MAIO DE 1972

Informes secretos das forças de segurança.

15 de fevereiro — 72128

"Policiais mataram a tiros o cidadão Carmo Reiss na divisa de Minas com Goiás. Trata-se de terrorista conhecido. Ao ser abordado por autoridades policiais, reagiu, matando o soldado Luzimar Machado de Oliveira e ferindo o soldado Gentil Ferreira. Foi perseguido e, após intenso tiroteio, morto pelas forças de segurança."

27 de fevereiro — 72129

"Dois peruanos, José Luís Ostilio, 19 anos, e seu irmão, Jorge Rômulo, de 28, foram detidos esta tarde por forças policiais e agentes do DOPS na zona rural de Uberaba. São suspeitos de atividades subversivas e acusados de tentar implantar foco de guerrilha na região. Serão encaminhados à capital para serem interrogados e presos. Até o momento, os acusados informaram que se encontravam na região à procura de trabalho. O mais novo confessou ter amigos no Exército Revolucionário do Povo, da Argentina."

3 de março — 72130

"As forças de segurança estão à procura de Idiomar Schaw, 26 anos, brasileira, enviada à região pelo Exército Revolucionário do Povo, ao qual pertence, segundo informações das forças de segurança da Argentina. A brasileira, considerada de alta periculosidade, segundo consta, está escondida na região de Tupaciguara e Centralina, mas foi vista na região de Canápolis, segundo informações mais recentes. Ela é suspeita de ter participado do seqüestro do industrial italiano Oberdan Sallustro, em Buenos Aires. Sua prisão poderá ocorrer nas próximas horas."

4 de Março — 72131

"As forças de segurança estão totalmente mobilizadas para evitar a transformação da região em foco de guerrilha, com especial atenção a grupos guerrilheiros estrangeiros que tentam se infiltrar. Todo suspeito com intenção de se empregar nas fazendas está sendo detido e preso para

154 CARLOS ALBERTO LUPPI

averiguações. Fazendeiros e caçadores da região, alertados, colaboram com a polícia com informações para a comunidade."

6 de março — 72132

"O terrorista e assaltante Lino Dantesi, no comando de uma quadrilha de 23 subversivos e bandidos, está na região e vem sendo caçado por forças especiais da segurança e do DOPS. Lino e todos os integrantes de sua quadrilha têm prisão preventiva decretada por várias auditorias militares. Sabe-se que ele atua desde 1966 e por duas vezes seguidas conseguiu fugir e furar cercos policiais montados em São Paulo. Dantesi foi visto na região em janeiro último. E, com ele, vários membros de sua quadrilha. Ele é responsabilizado por mais de 100 assaltos a bancos e agências da Caixa Econômica.

O dinheiro que arrecada nos assaltos é doado para grupos subversivos, inclusive terroristas estrangeiros que tentam se instalar na região. A quadrilha está ramificada nos estados do Pará, Goiás, Minas, São Paulo e Paraná. Um destacamento especial está no seu encalço, devendo descobrir seu paradeiro real nos próximos dias."

8 de março — 72133

"Oito bandidos, alguns ligados a movimentos subversivos, fugiram da Penitenciária de Goiás, nesta madrugada. São criminosos de alta periculosidade e alguns estavam sendo fichados como subversivos por participarem de operações suspeitas em São Paulo e Paraná. Destes, quatro já foram recapturados. Seus nomes:

Jair de Souza Pereira, vulgo Boca Torta, de 24 anos, ladrão e assassino. Íon de Souza Pereira, 27 anos, irmão de Jair, ladrão e assaltante. José Rodrigues, vulgo Zé Pretinho, assaltante, ladrão de automóvel e assassino, acostumado a trocar tiros com as forças de segurança. Raimundo Menezes Varão, 19 anos, condenado em muitos processos em Goiás por latrocínio, homicídio e assalto a mão armada.

Além deles, quatro outros assaltantes e assassinos ligados a grupos subversivos estão na região do Triângulo, procurados por nossas forças."

9 de março — 72134

"Os quatro fugitivos da Penitenciária de Goiás que estavam na região do Triângulo Mineiro foram mortos esta madrugada ao trocar tiros com as forças de segurança na área rural das cidades de Canápolis e Ipiaçu."

10 de março — 72135

"Após diversas denúncias e batidas em toda a região, finalmente foi preso o assaltante e terrorista paraguaio Everaldo Helguera, de 30 anos, intensamente procurado por querer montar foco de guerrilha na região do Pontal do Triângulo.

Helguera foi preso na fazenda do Mangue, perto de Capinópolis, onde apareceu para pedir trabalho na colheita de algodão. Com forte sotaque, despertou a desconfiança de fazendeiros da região. A polícia já levantou informações suficientes, que corroboram as anteriores nos arquivos das forças de segurança. Homem de nível universitário, professor formado com curso superior completo de Humanidades, o paraguaio é também graduado da Academia Militar do Paraguai, com longa passagem por seminário de padres, onde se formou.

Ele é suspeito de vários crimes. O preso será levado a Belo Horizonte, onde será novamente interrogado pelas forças de ordem política e social. Informações obtidas por sistemas de segurança do Paraguai, Chile e Argentina informam tratar-se de elemento subversivo encarregado de montar foco de guerrilha na região."

156 CARLOS ALBERTO LUPPI

13 de março — 72136

"INFORME SUPERESPECIAL. TOP SPECIAL INFORMATION

Toda a quadrilha do terrorista, assaltante e financiador de grupos subversivos Lino Dantesi acaba de ser desbaratada com a prisão do próprio e de mais nove comparsas, acusados de financiar movimentos subversivos e grupos de luta armada no Brasil e no exterior. Um dos presos é um dos principais assessores de Lino. Trata-se de Marini Maneira. O outro é considerado o cérebro da quadrilha, de nome Ailson Josiel, codinome 'Velho Boiadeiro'. Todos estavam condenados a 18 anos de reclusão. Serão encaminhados esta madrugada a Belo Horizonte."

14 de março — 72137

"INFORME SUPERESPECIAL. TOP SPECIAL INFORMATION

Presa no final de fevereiro na região de Capinópolis, a paraguaia Sabrina Hernandez cometeu suicídio quando ia ser levada para interrogatório em Belo Horizonte. Conhecida por sua beleza, a loura atuava na Argentina e era ativista do Exército Revolucionário do Povo, membro destacado do grupo revolucionário. Foi vista recentemente nas imediações de Foz do Iguaçu e em São Paulo. Estava na região com outros dois companheiros, Eduardo Swarterruab e Franco Ivotino, estes, elementos argentinos envolvidos na luta armada e fugitivos no Brasil, pertencentes ao ERP, com treinamento em Cuba e atuação terrorista destacada.

Sabrina Hernandez Fiosa Sangri havia estado na região do Paraná e em seguida em São Paulo. Seus dois companheiros foram mortos pelas forças de segurança ao reagirem a tiros no momento da prisão em 26 de fevereiro.

Detida, Sabrina estava sendo levada para interrogatório em Belo Horizonte quando foi encontrada enforcada em sua cela provisória. Sabrina era conhecida por sua ousadia no comando de ações terroristas. Tinha 29 anos."

15 de março — 72138

"INFORME SUPERESPECIAL. TOP SPECIAL INFORMATION
Após intensa caçada, foi preso finalmente, no Maranhão, o terrorista Pedro Arquete. Nos últimos meses, foi visto em Goiás e na região da fronteira tríplice. É um dos cabeças do PC do B."

10 de abril — 72139

"Após descoberto em setembro de 1971, o núcleo guerrilheiro em ação no sul do Pará, e que ameaçava se expandir para toda a região da divisa de Minas com Goiás, foi atacado ontem por forças policiais militares em operação de sigilo absoluto. É o início da campanha que visa sufocar uma tentativa de implantar no local e adjacências uma guerra popular prolongada com vistas à tomada do poder central. Ao que consta, o núcleo guerrilheiro começou a ser formado na região em 1967, com integrantes do Partido Comunista do Brasil e muitos moradores e camponeses locais, além de elementos de movimentos subversivos em ação em vários países da América Latina.

Três terroristas foram detidos nesta primeira investida e levados para esconderijos montados na própria selva.

Consta que esses esconderijos vão funcionar como cadeias improvisadas escavadas no meio da mata. Os detidos serão ali mantidos e levados à sede do Departamento Nacional de Estradas de Rodagem (DNER), denominada Casa Azul, que funciona como QG de nossas forças em Marabá."

14 de abril — 72140

"INFORME SUPERESPECIAL. TOP SPECIAL INFORMATION
Forças militares prenderam dois suspeitos já enviados para averiguações em Belém. Josiel Carvalho e Naldo Monteiro, ambos como terroristas."

158 CARLOS ALBERTO LUPPI

18 de abril — 72141

"INFORME SUPERESPECIAL. TOP SPECIAL INFORMATION

O indivíduo José Higino, integrante e membro ativo do Partido Comunista do Brasil (PC do B), integrante da guerrilha na região do Araguaia, foi preso pelas forças militares que iniciaram, no final de março, suas ações na região. O indivíduo se apresentava à população local como camponês que fora trabalhar na construção da rodovia Transamazônica. Consta que pertencia ao chamado Destacamento B da Guerrilha. O guerrilheiro foi levado para Marabá e será interrogado no quartel-general das forças de segurança. Não esboçou reação, ao ser preso."

15 de maio — 72142

"Descoberto ontem na região do Araguaia, o terrorista integrante do Partido Comunista do Brasil denominado Noca Solino enfrentou a tiros as forças policiais e militares. Após embrenhar-se na mata, acabou sendo morto. Aparentava 31 anos e levava consigo uma maleta de socorros médicos. Vestia calça jeans e camisa escura."

16 de maio — 72143

"Prosseguem com sucesso as operações 'Peixe', desencadeadas por nossas forças, após a prisão, no Maranhão, do terrorista Pedro Arquete, em março. Muitos terroristas estão sendo presos nos Estados do Pará, Minas, Goiás, Mato Grosso e Maranhão a partir de informações coletadas, e que servirão de base para exterminar o foco de guerrilha na região. Uma rede de informações está sendo montada detalhadamente, com o objetivo de pôr fim a qualquer tentativa de luta armada e guerra popular."

"POUCO DEPOIS, O LOUCO ERA SURPREENDIDO TOCANDO 'LUAR DO SERTÃO' DEBAIXO DE UMA ÁRVORE. MAS O HOMEM, MAIS UMA VEZ, ESCAPOU."

CASA NO CAMPO
10 DE JUNHO DE 2001

O escritor sobe, lentamente, a escada para o segundo andar. Uma sutil tensão envolve seu rosto. Ele passa a mão no cachorro. Pensativo, saca um cigarro do maço jogado numa mesa de centro. Vira-se, está diante do computador revendo seus originais. Na tela, a data de 10 de março de 1972.

TRIÂNGULO MINEIRO
1º A 10 DE MARÇO DE 1972

A radialista Césia Bittencourt, 30 anos, é conhecida em toda a região. É bonita, espalhafatosa e manipuladora. Tem muitos amigos entre políticos, fazendeiros e policiais. Está em todas, com seu sorriso largo e jeito de dona do pedaço. Diariamente no comando de seu programa na rádio Voz de Minas, ela se acostumou com a fama que conquistou: "Se deu na Césia, é verdade!"

Desde primeiro de março, ela começou a receber do coronel Edgard informações específicas para serem divulgadas em seu programa diário *Triângulo de Notícias*. "Pagando bem, que mal tem?" é a sua filosofia de vida.

Depois que tudo terminar, ela vai passar um ano viajando pelo mundo. Realizará assim um sonho antigo. Para que ele se torne possível, ela é capaz de tudo.

162 CARLOS ALBERTO LUPPI

Já no dia 25 de fevereiro, à noite, mantivera um encontro privado com o coronel em um hotel de Ribeirão Preto. Quatro horas depois, ela estava convencida — ela e sua extraordinária vaidade — de que, na região do Triângulo, fora escolhida para ser a "voz da verdade", proporcionando a seus ouvintes, em primeira mão, todas as notícias relativas ao perigoso Monstro do Triângulo que assustava Minas Gerais e o país. Seu programa, é claro, municiado por informações específicas vindas diretamente do coronel e sua equipe, não deixaria escapar nenhuma informação relevante.

Césia, assim como dezenas de seus colegas da imprensa regional e nacional, manteria a opinião pública perfeitamente informada de todos os fatos, minuciosamente relatados pelos grandes jornais do país:

2 de março

"Um louco já matou seis pessoas no Triângulo Mineiro e a polícia ainda não conseguiu localizá-lo. O delegado de Ituiutaba, organizou um esquema de segurança para evitar a entrada do doido em sua cidade. O delegado-chefe do DOPS chegou a Ituiutaba com o carro Brucutu e dois cães policiais para caçada ao homem, que seria um foragido da Penitenciária de Goiás.

No dia 24, o criminoso assassinou um casal em Centralina e fugiu em direção à cidade de Canápolis, onde matou dois homens. Depois atingiu Capinópolis e liquidou outro casal, num casebre às margens da estrada que dá acesso à cidade de Ituiutaba.

Nas buscas realizadas no município, o delegado encontrou vestígios da passagem do criminoso, num bananal, onde esteve por algumas horas. O criminoso se alimentou de bananas verdes, o que vem provar que está faminto. Segundo o delegado, o bandido invade casebres às margens das estradas para arranjar alimentação. Quando sente reação dos moradores, usa a violência, e as suas vítimas foram assassinadas a tiros e pauladas.

DINASTIA DAS SOMBRAS **163**

Um avião do Aero Clube de Ituiutaba sobrevoou a região e viu o Monstro na estrada. Ao sentir a aproximação do aparelho, o criminoso fugiu para uma mata, tendo o piloto perdido contato. O criminoso é um homem de estatura mediana, mulato, segundo revelações do piloto.

A equipe do DOPS se deslocou para o local indicado pelo piloto e há esperanças de que ele venha a ser preso, nas próximas horas. O doido já matou quatro homens e duas mulheres."

3 de março

"O louco do Triângulo Mineiro, agora com arma de fogo e muita munição, conseguiu romper o cerco do Exército, DOPS e Polícia, e agora está fugindo para Baixada, no município de Cachoeira Dourada. Ontem ele foi visto por alguns agricultores num campo de arroz e chegou a trocar com eles alguns tiros, sumindo de novo no meio do mato. Um lavrador ficou ferido no tiroteio.

O pânico, agora, está generalizado.

Não há mais ninguém na zona rural e todo mundo está fugindo para as cidades à procura de garantia. Tudo está sendo abandonado: lavouras, criações, casas e utensílios. E a debandada geral está auxiliando o louco, que passou a encontrar, nas casas abandonadas, tudo de que necessita para sobreviver.

Numa das moradias ele encontrou a arma de fogo (não se sabe ainda de que tipo), e munição ele pode encontrar em quase todas as outras. Alguns lavradores que o viram, rapidamente, durante o tiroteio, falam em revólver, enquanto outros falam em espingarda. Isso pode significar também que ele está com mais de uma arma."

3 de março

"Ontem, em Ituiutaba, um fazendeiro deu entrevista, dizendo que o louco era seu genro. João Frutuoso Dantas, o fazendeiro, disse que seu genro, antes de começar a matança na região, dera nove facadas em sua

164   CARLOS ALBERTO LUPPI

filha e ainda tentara atingi-lo também, quando ele procurava socorrê-la. Depois da tentativa, sumira no mato e não mais fora visto.

Ele acreditava que o louco era realmente seu genro, mas, mais tarde, o delegado de polícia foi à estação e desmentiu tudo. Segundo a polícia, as características do genro do fazendeiro são fundamentalmente diferentes e não havia motivo para se acreditar na história.

Outra notícia que correu ontem em Ituiutaba é a de que o louco deixara no curral onde matara 19 bezerros um bilhete, avisando que voltaria para atacar na madrugada de hoje. Ninguém viu o bilhete, mas a notícia correu e principalmente na zona rural, mesmo nos limites da cidade. As pessoas andam em grupos, todas assustadas, reagindo ao menor movimento suspeito.

O fazendeiro, proprietário dos 19 bezerros mortos pelo louco, está chocado com o acontecimento.

Caso ele não seja apanhado hoje, as autoridades irão organizar um plano mais ordenado para sua captura, com a participação, se possível, de mais contingentes policiais da região.

O louco assassino do Triângulo pode ser um dos oito que fugiram da Penitenciária de Goiás, na madrugada do dia 8. As autoridades goianas informam que todos os fugitivos são criminosos de alta periculosidade, e o delegado Joel do Espírito Santo, de Goiânia, mandou para Ituiutaba as fotografias de todos eles.

Qualquer um deles pode ser o assassino, mas pelo menos quatro, pelas características já conhecidas, são os mais suspeitos: Jair de Souza Pereira, vulgo Boca Torta, 24 anos, ladrão e assassino: Íon de Souza Pereira, 27 anos, irmão de Jair, ladrão e assaltante: José Rodrigues de Oliveira, Zé Pretinho, assaltante, ladrão de automóvel e assassino, que várias vezes já trocou tiros com a polícia, e Raimundo Menezes Varão, 19 anos, condenado em muitos processos, em Goiás, por latrocínio, homicídio e assalto a mão armada.

Além desses, outros quatro estão em liberdade, na zona do Triângulo, e qualquer deles pode ser o louco fugitivo, pois ninguém ainda o viu com clareza e, além disso, ele está sujo, barbado e desfigurado, tornando praticamente impossível sua identificação com simples fotografias."

4 de março

"Cercado por mais de 500 homens da Policia Militar, DOPS e voluntários da Brigada Popular, o louco que assusta o Triângulo Mineiro há mais de oito dias, depois de matar 25 pessoas em Minas e Goiás, trocou tiros com uma equipe de buscas e rompeu novamente o cerco policial, em Capinópolis, para reaparecer em outro local e surpreender um grupo de camponeses que abriram fogo contra ele. Mas, como das vezes anteriores, o homem fugiu no meio do arrozal alto.

Neste fim de semana, a polícia conseguiu armar o que se considerava o cerco perfeito. Encurralado numa região pantanosa de menos de dez quilômetros por quase todas as equipes da caçada humana, parecia estar próximo o fim desse estranho personagem que está levando o pânico e o pavor à região. Mas, como num passe de mágica, em meio a tiros de metralhadora, fuzis, espingardas, revólveres, e explosões de granadas, ele tornou a escapar.

Enquanto todo mundo o procurava em um lugar, o louco apareceu numa casa abandonada e roubou um violão. Pouco depois, era surpreendido tocando 'Luar do Sertão' debaixo de uma árvore. Os lavradores ficaram assustados e abriram fogo. A árvore ficou toda crivada de balas, mas o homem, mais uma vez, escapou. O medo, segundo nossos enviados especiais, está fazendo com que o sertanejo esteja vendo o louco em dois lugares diferentes ao mesmo tempo.

Toda essa situação está criando um clima de insegurança até mesmo nas cidades. Sentindo a deficiência das equipes de buscas, as autoridades municipais estão fazendo apelos ao governo federal para intervir no problema com mais recursos materiais e humanos. O louco conhece bem a região e escapa facilmente da polícia, que, por sua vez, encontra mil e

166 CARLOS ALBERTO LUPPI

uma dificuldades para vasculhar a área. Os helicópteros e reforços prometidos e anunciados não chegaram ao Triângulo, enquanto já começam a surgir estranhas hipóteses para explicar a facilidade com que ele escapa dos cercos policiais.

Apesar do fracasso da perseguição, ela conseguiu pelo menos evitar novos assassinatos, por dois motivos: a polícia não dá trégua ao louco, que passa o tempo todo fugindo, e os camponeses estão preferindo ir para as cidades ou reunir-se em grupos de dez ou mais famílias para melhor se defenderem."

5 de março

"Tropas do Exército que estão em manobras no Canal de São Simão, helicópteros da Cemig e da FAB, além de novos reforços do serviço de cães da PMMG, serão lançados hoje na perseguição ao louco que está levando o pavor à região de Ituiutaba, depois de matar 25 pessoas — 13 em Minas e 12 em Goiás.

Um vaqueiro tentou prendê-lo ontem, mas o louco sentiu sua aproximação e fugiu para o meio do mato levando as galinhas que roubou em uma fazenda. O vaqueiro não chegou a ver seu rosto — ninguém sabe descrevê-lo exatamente. Ele estava assando as galinhas à beira de um rio e percebeu a chegada do vaqueiro, que o seguia a menos de 200 metros.

Isso aconteceu pouco depois que o louco invadiu a fazenda de Ernesto Andrade. Como todas as outras da região em pânico, a casa do fazendeiro estava abandonada. O louco pegou três galinhas, um saco de sal e algumas mandiocas. É assim que ele está se alimentando e ganhando condições para enganar a polícia e os voluntários que o caçam há quase uma semana pelas matas, campos e arrozais do Triângulo Mineiro.

Segundo as autoridades, ele está cercado numa área de menos de cinco quilômetros quadrados. Mas o cerco, como de outras vezes, pode ser furado, porque o homem conhece bem a região e sabe fugir à gigantesca operação policial, que, a partir de hoje, vai contar com helicópteros e mais 180 homens do Exército, aumentando para mais de mil pessoas o total de participantes da caçada humana.

Enquanto a polícia não consegue prendê-lo, aumentam o pânico e o drama na região de Ituiutaba e Capinópolis. O arroz é o principal produto da economia regional, e toda a produção pode ficar perdida. É tempo da colheita, mas os lavradores abandonaram os campos e correram para as cidades, temendo ser surpreendidos pelo louco em suas choupanas perdidas no meio do mato. Enquanto isso, cresce a lenda em torno do pequeno homem sujo de cabelos vermelhos, que ataca com a noite e foge com o dia, deixando atrás de si um grande rastro de sangue.

Toda a operação está sendo coordenada pelo DOPS, o agrupamento mais próximo da possível área onde o louco está escondido. Ontem, chegaram a Ituiutaba o carro-transmissor do DOPS, com capacidade de alcance nacional, e pequenos aparelhos de comunicação de campo.

Em Ituiutaba, segundo nossos enviados especiais, está montado o QG da imprensa. São mais de 50 repórteres de todo o país, alguns com caros e complicados aparelhos de *videotape*, enquanto as emissoras locais continuam transmitindo apelos aos lavradores para que tomem cuidado e mantenham contato com a polícia. É o pânico no Triângulo."

6 de março

"Depois de um breve descanso ontem, foi reiniciada hoje a caçada ao louco que está levando o pânico e o medo ao Triângulo Mineiro, rompendo todos os cercos policiais, saqueando as fazendas e paralisando por completo as atividades nos campos e arrozais de Ituiutaba e Capinópolis.

Apesar de todo o seu empenho, a polícia e as brigadas voluntárias mostram-se impotentes para prender, ou pelo menos localizar, esse estranho homem de cabelos e barbas vermelhas que já matou 25 pessoas, em Minas e Goiás, e continua semeando o pavor em toda a região, onde o medo agora já chegou às cidades.

Os reforços prometidos para ontem não chegaram ao Triângulo. Seriam 180 soldados do Exército, cães rastreadores da PMMG, helicópteros e modernos aparelhos de comunicação de campanha. Com isso, as autoridades teriam mais condições para enfrentar a astúcia do louco, apesar de mais de 500 homens — entre policiais e voluntários — continuarem vasculhando as capoeiras, arrozais e grutas do Triângulo.

A cada dia que passa, aumenta mais o nervosismo em toda a região e surgem fantásticas histórias em torno do homem que todo mundo diz ser um louco, mas que ninguém pôde ver de perto, ou olhar nos seus olhos.

Ontem à noite, o capataz de uma fazenda, próxima dois quilômetros de Canápolis, informou à polícia que um homem moreno, de calça cinza, com camisa clara, invadiu sua fazenda, arrombando um celeiro próximo à casa-sede da fazenda.

Tomado de misticismo, o homem rude do Triângulo já começa a criar lendas e histórias fantásticas para explicar como pode um 'simples louco' envolver uma verdadeira operação de guerra e fugir a tantos cercos que a polícia anuncia montar todos os dias.

Quem chega a Ituiutaba ou Capinópolis, hoje, pensa que está num campo de guerra. Os homens, bem armados e cansados, chegam e saem sujos e barbados. As ordens são dadas em voz de comando e cada perseguição tem tudo de uma patrulha militar, onde não podem faltar nem mesmo as hipóteses de como agir em caso de topar com o louco pela frente. Ninguém deve se arriscar muito: é melhor matar do que morrer, esta é a ordem da caçada humana."

7 de março

"Depois de uma semana da maior caçada humana já organizada no estado, a situação é a mesma: o louco assassino continua desaparecido, fugindo, todos os dias, ao cerco policial, sempre anunciado como o último e definitivo. Ontem, cercado em dez frentes numa região pantanosa de cinco quilômetros quadrados, ele reapareceu em lugar muito diferente, num capinzal, na Fazenda Ponte Alta, a 18 quilômetros de Capinópolis.

Ele atravessava uma vazante, mancando, tentando esconder-se no mato, quando foi visto pelo vaqueiro Lino da Silva, que voltava para casa, acompanhado de seu sogro, Francisco Xavier. O louco, ao ver os dois, abaixou-se e não foi mais visto. O vaqueiro correu para casa com seu sogro e depois foi a Capinópolis avisar a polícia. Quando os policiais chegaram, bateram toda a região e não encontraram mais nem sinais do fugitivo.

Na véspera, num encontro com um grupamento de policiais, ele rompeu o cerco mais apertado da semana, conseguindo escapar de tiros de revólveres, metralhadoras, e até de granadas e gás lacrimogêneo. O grupo era comandado pelo detetive Nelson, que não entendeu como o louco conseguiu escapar ao tiroteio.

Outro encontro do louco com os policiais se deu depois de ele saquear outra casa vazia. Ele levou para o mato um violão e, debaixo de uma árvore, segundo depoimento de muitos colonos, começou a tocar músicas sertanejas. Alguém chegou a dizer que ele tocara 'Luar do Sertão', de Catulo. O dono do violão, ao chegar perto de sua casa, largou tudo e fugiu apavorado. Deixou que ele levasse o violão e tudo mais que quisesse.

Enquanto o louco tocava violão, alguns sitiantes chamaram os vizinhos e organizaram o cerco. A essa altura, as autoridades já haviam sido avisadas e também a brigada voluntária estava a caminho. Mas os sitiantes que estavam escutando o violão eram apenas três e precipitaram os acontecimentos. Abriram fogo e o louco conseguiu escapar facilmente, mais uma vez, deixando no local o violão, duas facas, um saco de mantimentos e uma espingarda. A árvore em que ele estava encostado ficou toda furada de bala."

"PARA MUITOS, O LOUCO
TEM O PODER DE SE TRANSFORMAR
ORA EM PÁSSARO, ORA EM PEIXE."

8 de março

"Na caçada ao louco do Triângulo já aconteceu de tudo: o capataz de uma fazenda próxima, João Rodrigues, viu o homem a poucos metros, de cócoras, atrás de uma moita, empunhou o Taurus 38 em sua direção, mas acabou não atirando. A um oficial da PM que participa das buscas, ele explicou que realmente tivera medo e tremera na hora, preferindo voltar correndo pela mata, saltando as poças de água, até uma fazenda, onde se reuniu com mais dois camponeses e foram levar a notícia à polícia em Capinópolis.

Mas, desta vez, segundo o depoimento de Divino, o louco assassino não demonstrou sua fúria. Calmamente, ele saltava a janela de um rancho abandonado (dos muitos que estão vazios na região) quando foi visto pela primeira vez, e, sem se perturbar, continuou andando em direção a uma moita, onde se escondeu, levando alguma coisa nas mãos. Foi nesta hora que o capataz quis enfrentá-lo, mas desistiu sem ter sofrido nenhuma ameaça.

O homem que levou pânico ao Triângulo, provocando uma das maiores caçadas do país, usa um bigode grande e tem barbas apenas na ponta do queixo, segundo Divino, que esteve com ele frente a frente. O que mais impressionou o capataz foram os seus olhos vermelhos e os pés descalços, que pareciam estar feridos da longa fuga pelo sertão na fronteira de Goiás.

Depois de fugir do doido, Divino mandou que as pessoas de uma fazenda perto do local onde ele fora visto se trancassem dentro da casa e foi para Capinópolis com mais dois homens armados de espingardas e foices contar à polícia o que havia acontecido. Em poucos minutos, o local estava isolado por mais 200 homens (civis e militares), num novo

174 Carlos Alberto Luppi

cerco. Nada ficou sem ser vasculhado, com a ajuda dos cães, mas, mesmo assim, o louco não foi encontrado.

O que a operação de busca fez foi colocar fora de "combate" dois cães rastreadores, que precisaram ser levados para uma fazenda próxima, nos braços dos soldados. Eles não resistiram 13 quilômetros dentro do mato, no meio dos espinhos, e foram levados mais tarde para Uberlândia, numa caminhonete, com as patas inflamadas pelos espinhos.

As sucessivas aparições do louco criaram um clima de mistificação no Triângulo. Os lavradores que fugiram de suas ofensivas criaram lendas em torno do homem e de suas fugas quase mágicas, cada um querendo explicar ao seu modo o estranho poder desse homem que mata e some em questão de minutos. Para muitos, os que acreditam em poderes extranaturais, ele só consegue furar os gigantescos cercos porque tem o poder de se transformar ora em pássaro, ora em peixe. E, desta forma, tentam explicar o demorado sucesso do louco e o aparente fracasso da polícia.

A verdade é que ninguém sabe dizer com precisão quantas vezes o homem do Triângulo conseguiu passar pela polícia sem se deixar prender. Depois de matar um casal de velhos, perto da estrada de Ituiutaba (na segunda-feira da semana passada), ele voltou a aparecer nas proximidades de Capinópolis e roubou galinhas e um saco de sal nas terras de João Gerônimo.

Foi descoberto por um vaqueiro nas margens do rio, assando as galinhas, e se embrenhou no mato de espinhos.

Quando a polícia e os jornalistas que acompanham a caçada chegaram, só restavam as cinzas da fogueira, restos de carne, duas facas e uma lata. Na madrugada de domingo, ele reapareceu nas proximidades de Capinópolis e foi visto por uma caravana do 4º Batalhão de Uberaba, que vinha seguindo os seus passos desde Coromandel, onde ele trucidara oito pessoas. A polícia tentou cortar sua fuga com tiros de fuzil, mas o louco atingiu o brejo e sumiu, abandonando o velho saco e uma chumbeira 26. Para os homens da captura, ele agora só leva uma arma: um 38.

Nessa fuga, houve um fato imprevisto. Na hora em que os soldados tentavam impedir que o louco desaparecesse, vários civis que participam das buscas correram para o local e começaram a atirar, provocando uma fuzilaria descontrolada, que teve de ser suspensa pelo tenente comandante da patrulha.

Domingo à tarde, o homem ainda foi visto três vezes, num raio de 10 quilômetros da cidade. Na primeira, ele estava escondido perto de uma ponte, numa baixada; nas outras, no mato.

O comando das operações, desde a última aparição do louco, foi transferido ao coronel diretor de operações da PM, que se instalou numa fazenda logo depois de chegar num avião do Palácio. O superintendente do policiamento civil esteve sábado na região, acompanhado de um detetive, um perito e seis homens da PM especializados em guerrilha."

9 de março

"A identidade do louco ainda é completamente desconhecida, e sobre ele, por enquanto, há apenas vagas informações ou simples conjecturas. Ele seria um dos oito fugitivos da Penitenciária de Goiânia, um sitiante que, no mês passado, tentara matar a mulher e o sogro, ou um vaqueiro louco que há muitos anos anda pela região e que agora, enfurecido, passara a matar.

São muitas as conjecturas, mas já se pode, pelas descrições das poucas pessoas que o viram, estabelecer um tipo: moreno, altura mediana, olhos amendoados, andando sempre descalço, tipo de nordestino. Ninguém ainda ouviu uma só palavra ou qualquer grito dado por ele. Suas aparições são rápidas e ele não deixa sobreviventes para contar história.

Ele não tem dificuldades para viver no mato. Conhece bem a região, maneja foices e facas com extraordinária habilidade e não deixa rastros em sua passagem, tomando sempre o cuidado de não abando-

176 CARLOS ALBERTO LUPPI

nar as margens do rio Parnaíba. O rio, segundo parece, é o seu elemento. Ele nada com facilidade e é exímio canoeiro.

Um pescador informou que o vira manobrando uma pequena canoa, procurando as margens mais escondidas pela vegetação. O canoeiro chegou a trocar tiros com o louco, cada um em sua canoa, mas perdeu-o de vista nas curvas do rio, instantes depois. Com medo de cair numa emboscada, foi para as margens e saiu do rio.

A Polícia Militar de Mato Grosso continua patrulhando o rio, em balsas, e ninguém atravessa a fronteira, de um lado para o outro, sem se identificar. E todos são interrogados, para a coleta de informações sobre os movimentos na região. A polícia goiana está operando em conjunto com a de Minas, mas a principal preocupação das autoridades de Goiás é evitar que o louco atravesse a fronteira, para seu estado.

As autoridades já conseguiram estabelecer um roteiro aproximado das andanças do louco, desde seus primeiros assassinatos. Segundo o levantamento, tudo começou no dia 28 de dezembro, quando ele apareceu em Vazante e matou um vaqueiro. Depois disso, o louco continuou em Vazante, sem que as suspeitas recaíssem sobre ele. Quando a descrição do assassino transformou-o num perseguido, ele desapareceu.

Dias depois, apareceu em Coromandel, assaltando um sítio vazio. Quando estava fazendo comida, assando queijo e carne, foi surpreendido pelo dono da casa. Matou-o a golpes de facão, retalhando o corpo, e saqueou toda a casa. No dia seguinte, o corpo do sitiante foi encontrado ao lado do fogão, com restos de comida nas panelas e nas vasilhas.

Em seguida, ele foi visto em Abadia dos Dourados, onde não matou ninguém. Saqueou algumas plantações e casas vazias, e entrou em Goiás, pelo município de Ouvídio. Ali, ele enfrentou a primeira resistência organizada e conseguiu romper o primeiro cerco.

A polícia de Goiás, alertada pelas notícias de seus assassinatos anteriores, conseguiu localizá-lo a dois quilômetros das margens do rio Paranaíba e fechou o cerco. Ele reagiu ao tiroteio e conseguiu embrenhar-se nas matas do vale, entre Catalão e Três Ranchos. Cessado o tiroteio, estava morto um irmão do prefeito, que dirigia pessoalmente, a caçada.

Com a morte do irmão do prefeito, a caçada aumentou em Goiás, e, uma vez mais, ele conseguiu escapar ao cerco. Continuou fugindo pela mata, procurando as margens do rio, e durante a escapada fez mais uma vítima: desta vez, uma velhinha, morta a golpes de foice, no terreiro de um rancho.

Ele desapareceu durante algum tempo e só voltou a atacar em Canápolis (conseguira, finalmente, atravessar o rio), onde matou, de uma só vez, a facadas, quatro pessoas. A essa altura, o pânico já começa a tomar conta da região, sem, entretanto, as proporções de agora. Novo cerco em Canápolis, e nova fuga.

Suas mortes e sua fama não haviam ainda conseguido ultrapassar os limites do Triângulo e da região fronteira de Goiás, até que, segunda-feira, ele matou o casal de velhos, em Capinópolis. O velho Oprimo, com mais de 80 anos, foi arrastado para o terreiro e morto a golpes de faca. Sua mulher, paralítica, foi assassinada na cama e também jogada no terreiro.

Foi o seu primeiro feito de repercussão nacional. E, no dia seguinte, quando ele degolou 19 bezerros, estabeleceu-se o pânico e toda a região transformou-se numa praça de guerra, na maior operação já organizada no país.

A pequena cidade encheu-se de repórteres das maiores cadeias de notícias do país e o único hotel do local (Hotel Uberlândia) transformou-se no QG da imprensa, com instalações de transmissores portáteis de telefoto e unidades de gravação de *videotapes*.

Ontem à noite, o coronel João Vítor, da PM, reuniu todos os chefes da operação para traçar os planos de um cerco definitivo ao louco. A Secretaria de Segurança, diante da repercussão do caso e dos prejuízos já causados, e em curso, considera a operação prioritária e pôs à disposição do coronel todos os recursos necessários. E as autoridades prometem para hoje, uma vez mais, o fim da perseguição, com a captura do louco."

"ESTOU ACOSTUMADO A CAÇAR ONÇA.
SÓ VOU DESCANSAR QUANDO
EU ACERTAR O LOUCO.
SERÁ O TROFÉU MAIS IMPORTANTE
DA MINHA COLEÇÃO."

TRIÂNGULO MINEIRO
REGIÃO DO RIO TEJUCO
10 DE MARÇO DE 1972

É noite. O delegado de Ituiutaba manda um radiograma ao gabinete do secretário de Segurança Pública e ao superintendente do Policiamento Civil do Estado:

"Informo que continuam as buscas ao homicida paranóico que estaria escondido entre os municípios, a não ser que tenha cruzado os rios Tejuco ou Paranaíba. Existe agora, aparentemente, um clima mais tranqüilo com relação à população da região, em virtude das eficientes medidas policiais que não deram mais oportunidade ao homicida de cometer novos crimes. Ele, salvo melhor juízo, após andar mais de 500 quilômetros, não tem condições físicas de sair a pé dessa região."

A 40 quilômetros dali, o delegado-chefe do DOPS continua cercando a área onde ele supõe estar escondido o assassino. Anuncia para logo mais, mais uma vez, o último e definitivo ataque. Ontem todas as buscas foram suspensas. A preocupação principal é manter a vigilância do cerco, para que todos os policiais e militares, descansados, possam ter condições de participar da grande caçada final ao Monstro.

— O cerco será apertado em todas as frentes, em direção ao centro da mata cerrada onde ele deve estar escondido. Desta forma ele será obrigado a sair da mata e então será facilmente capturado no campo aberto. É uma estratégia infalível.

"Ele não tem condições de saber nossos planos de captura. Deve estar faminto, doente e com uma das pernas ferida. Não tem mais como fugir."

182   CARLOS ALBERTO LUPPI

Diante dele, a ouvi-lo atentamente, entre opacas luzes de faróis e lampiões e barracas de campanha envoltas em mosquitos e insetos, grupos de policiais e jornalistas e até alguns fazendeiros armados, dispostos a toda espécie de aventura para se ver frente a frente com o Monstro.

Ao lado do delegado, um dos mais famosos caçadores do Triângulo Mineiro, o fazendeiro Evandro Teixeira, chamado pelo delegado do DOPS para participar da caçada final.

Alto, olhos azuis, fala mansa, ele acaricia o revólver calibre 44 que ganhara de presente do delegado ainda quando se conheceram, em setembro de 1971, em Belo Horizonte, numa boate da moda. Depois disso, descobriram que tinham muita coisa em comum. Inclusive freqüentar reuniões e participar de atividades maçônicas e de grupos religiosos fechados.

— Só vou descansar quando eu acertar no louco, nesse Monstro. Será o troféu mais importante de minha coleção!... Estou acostumado a caçar onça e acerto sempre na cabeça pra não estragar o couro...

— Você tem uma missão — diz o delegado do DOPS — nesta caçada. Tem que acertar o Monstro nas pernas, sem feri-lo muito, apenas para obrigá-lo a parar a caminhada desvairada que ele empreende tem 11 dias só aqui pros lados de Ipiaçu.

— Parece que viram ele ontem...

— É... encontramos numa cabana abandonada restos de fogueira, uma cama improvisada com folhas e ramos de árvores e cascas de amendoim. Amendoim tem sido seu único alimento estes dias — grita um policial.

— Mas... parece que ele andou comendo galinha na área do Barreiro. Nosso único receio é ele atravessar o rio Tejuco e ganhar o cerrado de Vitória e Santa Maria. Aí as buscas vão ficar quase impossíveis, nem colocando os helicópteros na parada conseguiremos pegá-lo.

— Quinze helicópteros das forças de segurança estão de prontidão na região. Nesta operação tem mais de 1.800 pessoas envolvidas e mais de 200 fazendeiros e pessoal voluntário. Tudo que precisava ser feito já foi feito...

— Então, tá na hora de enjaular a fera.

A noite é densa. Uma fogueira é acesa. Sobre ela, gravetos e galhos secos. Faz frio. Alguns jornalistas se amontoam por ali, olhos sonolentos aguardando o último lance da maior caçada humana já ocorrida no Brasil.

Alguém se lembra de esquentar um café.

Como será esse Monstro? Esta é a pergunta que varre o silêncio e corta a pele, mais que esta friagem incômoda.

"GENTE BOBA, LOUCOS VARRIDOS, IAM FICANDO POR ALI, USADOS COMO BODES EXPIATÓRIOS DE ACORDO COM A CONVENIÊNCIA."

BELO HORIZONTE
RESTAURANTE LILÁS GRILL
15 DE MARÇO DE 2001
21h

Noite iniciada.

O silêncio da tarde já não existe mais. Um pequeno mas consistente movimento começa. Gente que vem para jantar. No Lilás Grill come-se bastante e paga-se pouco.

Fixando um ponto qualquer em algum lugar do universo, Sheila não hesita em contar sua história. Antes, deixa claro, e muito bem claro:

— Vou te pedir pra jurar por tudo quanto te é mais sagrado, mais uma vez! Essa história só pode ser contada depois que eu morrer, tá legal?

"Está com medo?, você pode querer me perguntar. Não estou não. Estou vacinada, não sou mais a inocente de 1971.

"O Monstro na verdade estava na Sala de Espera. Foi o que me disseram. Não conheci esse lugar não! Sabia que existia porque o coronel me contou.

"Pessoas sem eira nem beira ficavam numa casa especial aguardando o momento de entrar em cena de acordo com a conveniência, com a ocasião.

"Gente boba, loucos varridos, presos nas estradas, sem família pra dizer nada. Iam ficando por ali, até serem usados como bodes expiatórios de acordo com a conveniência. Ou então iam ficando por lá.

"Ele saiu de Belo Horizonte na madrugada do dia 11 de março de 1972. Quando fizeram o serviço, jogaram a culpa nele. Fizeram aquele carnaval todo!... Ele chegou ao Triângulo já preso, algemado, foi deixa-

188 CARLOS ALBERTO LUPPI

do no local da prisão. Um condenado à morte, praticamente. Morreu, não morreu?... Estava marcado pra morrer. Ia ser no tiroteio no momento da prisão. Mas acharam que ia ficar esquisito e queriam dar a impressão de louco assassino mesmo. Depois, mudaram tudo.... Orlando! Orlando sem nome!"

BELO HORIZONTE
PERIFERIA DA CIDADE
11 DE MARÇO DE 1972

A sala de espera é, na verdade, uma casa simples escondida nos fundos de um depósito de madeira, ao lado de uma delegacia de polícia. Ninguém nem sabe direito o que ali existe e nem quem está lá.

Oito homens moram nela. Todos eles considerados deficientes mentais, loucos mansos sem família, capturados em diversos locais do país. Bem alimentados, estão sempre sob vigilância, apesar de calmos.

Na casa, só dois quartos têm grades, sem vazamento de som. Qualquer alteração eventual no comportamento, o preso é colocado ali, confinado, tomando pesados remédios sem parar. Os demais são apenas trancados com grossas fechaduras. Os homens ficam ali, perambulando pra lá e pra cá. Na maior parte do dia, ficam deitados, mudos, olhando o vazio, à espera de alguém ou de alguma coisa que ninguém imagina o que possa ser.

Vindo do sul, com 50 quilos, 1,60m de altura no máximo, o mulato de olhos castanho-claros está ali há seis meses. Quase não fala. Mal articula uma palavra. Sorri e se cala. De vez em quando se agita e chora. Parece querer explodir, mas não explode. Não diz nada. É submisso e sempre diz "sim senhor!" Não tem nome certo. Todos o chamam de "Orlando sem nome".

Hoje é seu dia.

São três horas da madrugada quando o mulato é arrastado da Sala de Espera e colocado num jipe com caçamba fechada. Uma cena presenciada por apenas quatro pessoas.

À frente da casa, na rua, quatro veículos vão escoltá-lo na viagem até o Triângulo Mineiro, onde deverá chegar por volta de três horas da tarde.

Jogado na caçamba, engole três comprimidos e recebe uma injeção. Esboça um sorriso triste, faz um gesto de dor e um som perdido na noite.

Rasgam suas roupas azuis, jogam sobre ele pó e terra vermelha e o cobrem com folhas e restos de galhos de árvores, estrume de vaca, lama de esgoto e bosta seca de gente.

Ali deitado e jogado como bicho do mato, cabelos avermelhados de tanto pó, pés amarrados, mãos algemadas, totalmente sujo, ele permanece até chegar a seu destino, nas proximidades da cidade de Ipiaçu, no Triângulo Mineiro.

Dez minutos se passam, e o mulato, jogado na caçamba do jipe, está dormindo, sedado.

Em seguida, o esmurram e o agridem com cassetetes onde estão incrustados pedaços de alumínio. Com cilícios de couro usados em mortificações religiosas ferem suas pernas, braços, mãos e o rosto com pedaços de galhos secos. Até escorrerem de seu corpo esparsos e constantes filetes de sangue.

Dez horas e meia depois, ele será acordado ao chegar a Ipiaçu, onde já é aguardado às margens do rio Tejuco por centenas de homens que participam da Operação Timbrete, planejada meses atrás.

Ali, às duas e meia da tarde, ele é colocado numa canoa rio abaixo. Alguém grita ter visto um sujeito estranho descer o rio numa canoa:

— Parece um monstro!!!

"ESSE LOUCO É UM DEMÔNIO, É CAPAZ
DE TUDO! É A NOSSA SEGURANÇA
E A SEGURANÇA DE MILHARES DE
PESSOAS QUE ESTÃO EM JOGO."

REGIÃO DE IPIAÇU
RIO TEJUCO — TRIÂNGULO MINEIRO
SEXTA-FEIRA, 11 DE MARÇO DE 1972

Mais de 500 policiais estão na área. Todos com a missão de capturar o Monstro. Há um clima de confiança entre os homens que participam da caçada.

É madrugada.

Cansado das batidas no meio do mato nos últimos 15 dias, o delegado do DOPS está alegre e otimista.

Próximo aos repórteres em vigília, dá um sorriso e deixa escapar sua absoluta certeza.

— Hoje é o nosso dia!... A caça não escapa mais...

Pelo rádio da viatura, o delegado recebe uma mensagem cifrada logo em seguida. Responde:

— Ok! Então vamos. Operação Timbrete! O cerco final...

TRÊS HORAS DA MADRUGADA

O delegado ouve atentamente um policial dizer:

— Ele foi visto a seis quilômetros de Ipiaçu. Roubou ovos de galinha e fazia uma farofa numa roça de milho no fundo do quintal de uma casa, sendo notado por vaqueiros e mulheres. Acabei de receber esta informação.

"Eles foram pra cima do maluco, atiraram pedras, mas toda vez que o louco parava sua correria, eles também paravam, com medo. Eu soube disso agora. Ele está indo em direção à fazenda Ventania, às margens do Tejuco..."

CARLOS ALBERTO LUPPI

Às margens do rio Mosquito, afluente do Tejuco, o coronel Wilson Teixeira está no comando de mais de 300 homens da polícia. Está ali para evitar qualquer erro no cerco final e cumpre claras ordens de seus superiores em Belo Horizonte.

O dia amanhece. As primeiras luzes da manhã chegam, prenunciando um dia de sol. O coronel toma um café no rancho, ajeita os cabelos e dá ordens para seus subordinados mais imediatos:

— Quero todo mundo atento. Esse louco é capaz de tudo, ele é um demônio. É capaz de provocar a maior destruição num piscar de olhos! Tem gente que garante que ele é capaz de se transformar em galinha e passarinho pra fugir de qualquer cerco da polícia. É perigoso e não se pode baixar a guarda. Quero todo mundo com atenção máxima, avisem aos soldados. Vamos aguardar com calma mas com elevado espírito de patriotismo! É a nossa segurança que está em jogo, e a segurança de milhares de pessoas!

ONZE HORAS DA MANHÃ

Uma canoa segue lentamente pelo rio Tejuco, nas proximidades de Ipiaçu. Um homem rema devagar, apreciando a paisagem, tomando a direção de um ancoradouro natural, refúgio de várias balsas que estão ali paradas, ao sabor da leve brisa. Sol quente.

Nas proximidades, um vaqueiro acha que o homem da canoa pode ser o Monstro procurado. Não perde tempo. Dispara vários tiros em sua direção. Os tiros se perdem no ar. Ele logo desiste. Além disso, a correnteza do rio leva a canoa para longe dali. Do outro lado do rio, o cerrado é fechado e praticamente intransponível.

QUINZE HORAS E DEZ MINUTOS

À beira do rio Tejuco, equipes do DOPS e do Serviço Secreto, agentes do Exército e um enorme contingente de forças policiais especializadas em operações antiguerrilha e caça em áreas rurais estão à espera. Mal conseguem disfarçar a ansiedade.

Como se obedecessem a algum sinal misterioso, os primeiros disparos de fuzil e metralhadora ecoam no ar. Um barulho quase infernal, enquanto bombas de gás lacrimogêneo são lançadas na área. Fuzilaria geral.

A impressão que se tem é de que não sobrará pedra sobre pedra. Seguem-se dois a três minutos de guerra total, como se mil tanques estivessem invadindo a região acostumada ao som dos ventos e das águas do rio. Toda a área de cerca de 5 mil metros quadrados está inundada em intensa e densa fumaça. Ninguém vê absolutamente nada. Só se ouvem tiros, barulho de bombas e o som dos helicópteros.

Como por encanto, entre gritos diversos que extravasam as tensões, os tiros param. Ouvem-se alguns soldados vibrando:

— Pegamos ele, pegamos ele!

Do meio da fumaça espessa, um homem sai algemado, sangrando, totalmente sujo, roupas rasgadas, cabelos avermelhados de tanta poeira, olhos esbugalhados, assustado. É amarrado e jogado numa perua dourada com placa oficial de Ipiaçu.

— A Operação Timbrete terminou!!!! Finalmente pegamos a fera!!!! — grita o coronel.

Os soldados sorriem, alguns tentam se aproximar da perua para ver o Monstro de perto. A euforia é geral. Uma salva de tiros com mais de dois minutos de duração festeja a prisão. Tudo acontece ali mesmo à beira do rio Tejuco, de águas calmas e correndo devagar, uma espécie de testemunha da história numa tarde de brisa suave e nuvens que começam a ficar carregadas.

Está com cara de chuva.

— Uma chuva agora ia ser bom pra lavar a alma!!! — comenta o delegado do DOPS, olhando para o céu.

Na perua dourada do prefeito de Ipiaçu, algemado, amarrado e

196 CARLOS ALBERTO LUPPI

amordaçado, Orlando, assustado, desarmado, morto de fome, espremido em posição fetal, permanece calado. Não emite qualquer som.

QUINZE HORAS E QUARENTA E CINCO MINUTOS

De Capinópolis, o coronel Teixeira transmite uma mensagem para o Serviço de Imprensa e Relações Públicas da Polícia Militar.

"A gloriosa Polícia Militar, honrando suas tradições, acaba de capturar um dos mais terríveis facínoras da história do país, na fazenda do doutor Kid Sudra, município de Ipiaçu. Reconhecimento já foi realizado nos locais por onde o facínora passou matando suas vítimas indefesas."

DEZESSEIS HORAS E QUINZE MINUTOS

O coronel Teixeira recebe mensagem do chefe do Estado-Maior da Polícia Militar de Minas Gerais, cumprimentando sua tropa e enaltecendo a prisão do Monstro.

"Comando PMMG, através de seu chefe do Estado-Maior, cumprimenta efusivamente grande comandante pela captura do perigoso facínora que vinha intranqüilizando a população do Triângulo Mineiro e cidades vizinhas de Goiás. Rogo prezado comandante transmitir aos bravos soldados e oficiais seguramente dirigidos o júbilo de toda a corporação.

Mais uma vez, eles honraram as tradições de eficiência da PMMG, devolvendo à comunidade triangulina e adjacências a paz e a tranqüilidade necessárias a seu trabalho."

BELO HORIZONTE
12 DE MARÇO DE 1972
17h

Instalado em seu gabinete, o secretário de Segurança Pública enfrenta um batalhão de repórteres, entusiasmado com a notícia que acabara de receber. Só ele fala:

— Folgo em comunicar que, segundo informação recebida da delegacia de Ituiutaba, foi finalmente detido o elemento que vinha colocando em pânico as populações de diversos municípios do Triângulo Mineiro e de outros Estados vizinhos. Ao que consta, e pelas primeiras informações, trata-se de um indivíduo chamado Orlando, natural do Paraná. Ele já foi reconhecido por testemunhas e outros.

"O detido será conduzido para esta capital. Sua prisão, sem derramamento de sangue e sem qualquer baixa em nossas tropas e equipes de segurança, é mais uma prova do heroísmo de nossas forças, que, incansavelmente e sem medo, conseguiram prender o perigoso facínora. São estas as informações que queria dar a vocês em primeira mão. Brasília já está sendo informada dos detalhes da prisão..."

"PARA LUÍSA. COM TODO O AMOR
DO PAPAI. COM TODO O
AMOR PELO BRASIL!"

CASA DE CAMPO
10 DE JUNHO DE 2001

Escritor inquieto. Escritório. Texto na tela do computador.

Mãos no rosto. Olhar nas teclas, indeciso. Morde os lábios. O vento balança a cortina branca que se enrosca no abajur. Lembra-se do telefonema que recebera da fotógrafa de Goiânia. Precisa falar com ela, urgente!

Levanta-se. Desce as escadas. Na cozinha, abre a geladeira, enche um copo de água, olha pela janela a paisagem. Vira-se e retoma o caminho da escada. Sobe devagar, parece em dúvida, testa franzida. No escritório, pega um cigarro sobre a mesa de centro, faz carinho no cachorro deitado. Um Weimaraner de alto *pedigree*.

Olho na tela. Tecla o título "INSTANTE FINAL".

De repente, um tiro seco.

Um gemido sufocado.

Um barulho. Uma queda.

Lentas luzes alvas inundam o escritório. Na parede, uma tela pequena onde se lê uma frase simples em letras manuscritas: JUSTIÇA COMBINA COM PREGUIÇA.

O escritor está no chão. Uma pequena poça de sangue.

Uma toalha azul sobre o corpo cobre-o parcialmente.

O silêncio é entrecortado por pássaros que sobrevoam rente ao janelão do segundo andar. Lentamente, a imagem do escritório vai ficando cada vez mais longe. Há um vulto que se retira rapidamente.

O quarto do casal está quase na penumbra. Cortinas fechadas. Quadros diversos nas paredes. Uma lareira com restos de lenha acesos. Uma garrafa de vinho jogada ao chão, dois copos vazios ao lado.

202 CARLOS ALBERTO LUPPI

Tudo muito simples, aconchegante.
À distância, a cama do casal está vazia!
Parece estar.
Vista do ângulo em que se encontra a lareira, a cama mostra alguém se mexendo entre os lençóis.

Uma mulher se acomoda suavemente sob as cobertas, vira o corpo moreno de peitos pequenos e pernas apaixonantes. Respira profundamente. Puxa um edredom azul-bebê até quase tapar-lhe todo o rosto.

Um pouco mais acima, no canto, no criado-mudo, um porta-retrato.

Nele, Luísa, a doce Luísa, inocente menina de oito anos, em fotografia datada de março de 1972, de mãos dadas com o pai, o coronel Edgard Felinto, junto a um jipe da Polícia Militar, no Triângulo Mineiro. Ambos sorriem.

Para Luísa. Com todo o amor do papai. Com todo o amor pelo Brasil!

"ESTA HISTÓRIA VAI VIRAR uma LENDA. NINGUÉM NUNCA MAIS VAI ESQUECER!"

REGIÃO DE CANÁPOLIS E ITUIUTABA
ESTRADA RURAL
20 DE OUTUBRO DE 2002

Aos 68 anos, o advogado caminha devagar. Está de volta ao mesmo lugar onde esteve em 3 de dezembro de 1973.

Cabelos brancos, bengala na mão esquerda, pára com freqüência, deixando a estrada para trás. Seus olhos se umedecem. Respira fundo.

— Ah!! O Monstro! O Monstro do Triângulo! O homem que assustou o Brasil! A fera que provocou uma das maiores caçadas policiais a um ser humano já realizada no país!!

"Depois de tantos crimes hediondos cometidos em série e em circunstâncias tão espetaculares, as forças de segurança tinham que encontrá-lo, é claro... Foram quatro longos meses de caçada! Tinham total certeza de que estavam enfrentando um ser absolutamente sobrenatural!!!

"Um dia, localizaram o Monstro misterioso. Depois de várias semanas de caça, quem eles encontraram? Um minguado rapazinho, raquítico, famélico, frágil, entregue ao seu destino de viandante por entre as árvores, debaixo de sol e chuva, frio, sofrendo de fome e escorraçado por aqueles que o perseguiam, mesmo de longe, sem se preocupar em saber se se tratava mesmo de monstro ou alguém inofensivo, errante, como é costumeiro encontrar-se às dúzias às margens das estradas do país e pela zona rural.

"Mas, o destino do Monstro era aquele, estava traçado, mesmo em se tratando de um mendigo, de um alienado social. Com a colaboração da imprensa, fizeram com que não se voltasse à realidade. O Monstro criado na imaginação de todos não poderia ser destruído com o triste

206 CARLOS ALBERTO LUPPI

achado que se chamava Orlando. Orlando sem nome. Orlando Sabino...
Orlando qualquer.

"O Monstro poderoso, horripilante, hercúleo, o Cavalo de Átila
denominado pela polícia e pela imprensa, nada mais era do que um
esquelético ser, desamparado, minguado em sua compleição raquítica.

"Tudo levava a crer que aquilo, aquela figura triste e acabada, era
um autêntico equívoco da natureza, subnutrido, e que nada mais queria
a não ser apenas vegetar, pois era um retardado mental, vítima dos mais
sérios desajustes domésticos, jogado no mundo pela falta de amor de
seus semelhantes.

"Com a fera na mão, o povo se rejubilou em sua desvairada inocência...

"O Monstro foi o prato do dia em todas as rodas, em todas as cidades, até nas grandes capitais. O povo saiu às ruas para vê-lo desfilar algemado, aplaudiu a polícia e os órgãos de segurança pelo grande feito
de colocar atrás das grades o grande perigo nacional!! Depois da Copa
do Mundo de 1970, o assunto que mais prendeu a atenção do povo foi
a existência do Grande Monstro do Triângulo, o grande facínora que
provocou uma onda de pânico jamais vista no país..."

CAPINÓPOLIS — TRIÂNGULO MINEIRO
11 DE MARÇO DE 1972
16h

A festa é geral. A cidade inteira comemora a notícia da prisão do
Monstro do Triângulo.

O primeiro boato percorre a cidade. Todo mundo sai de casa e vai
para as ruas e praças comentar o fim da caçada humana e aguardar o
retorno dos homens que vinham do mato depois do último e definitivo

DINASTIA DAS SOMBRAS   **207**

cerco. "Verdadeiros heróis", que, ao lado das forças policiais e militares, prenderam a "fera".

Muitos querem logo cumprir as promessas feitas aos santos de sua devoção e nem pensam esperar o dia seguinte. Não esperam nem mesmo a confirmação da prisão. Vão logo para as igrejas, abertas em comemoração, ao som dos sinos e cheiros de velas. Afinal, o assassino está preso, e a lavoura, salva. Os trabalhadores rurais agora já podem retornar às suas tarefas, após quatro longos meses de angústia e medo.

As igrejas, vazias durante os dias de expectativa, reabrem suas portas aos fiéis e crentes camponeses. Uma fila logo se forma na entrada da matriz. O padre Francisco pede calma, enquanto promete uma missa de agradecimento para logo mais.

Nas mesas dos bares e nas esquinas da rua central, só se fala na prisão e no término dos dias de "medo e pânico".

Todo mundo quer ver o Monstro, saber seu nome e conferir quem acertou a previsão na tentativa de identificá-lo.

O medo dá lugar a uma euforia sem limites. As escolas, fechadas nos últimos 30 dias, reabrem imediatamente suas portas, anunciando o retorno às aulas para o dia seguinte.

Uma multidão de mais de 500 pessoas prefere comemorar de forma diferente. Sai em direção à estrada de Ipiaçu, a pé, e também em caravanas de carros e ônibus e até de bicicleta para esperar os comboios das tropas e ver o homem mais procurado do Brasil, algemado, amarrado e preso.

A estrada está entupida de tanta gente curiosa. Centenas de homens, mulheres e crianças vibram quando o comboio policial passa levando o Monstro.

À frente de mais de 30 veículos da polícia e atrás de carros blindados das forças de segurança, a perua dourada do prefeito de Ipiaçu se destaca sob o sol do Triângulo Mineiro.

Em determinado momento, a perua dourada pára. A porta do bagageiro é aberta e Orlando, sentado, algemado, totalmente assustado, olhar cabisbaixo, é conduzido sob o olhar de curiosidade e de perplexidade da multidão à beira da estrada.

Dezenas de crianças agitam bandeirinhas do Brasil à passagem de Orlando, exibido orgulhosamente pelo prefeito de Ipiaçu. Salvas de palmas são repetidas à medida que os carros militares e veículos passam transportando os soldados que retornam dos duros dias de batalha no mato.

— Agora a gente já pode sair de casa...

— Acabou-se esse negócio de ficar em casa trancada...

— O medo acabou, viva...

— Ele está preso, isso é uma coisa de Deus!!

— Essa história vai virar uma lenda, ninguém nunca mais vai esquecer!!!

— Vai virar tema de composição nas escolas... Um sujeito que consegue ficar em até dois lugares ao mesmo tempo!...

Pela estrada afora, a multidão faz todos os comentários possíveis e imagináveis.

— Quase não acredito que pegaram o homem... Agora dá pra dormir tranqüilo!!!

Na lenta viagem até Uberaba e dentro da perua do prefeito de Ipiaçu, passando por uma estrada esburacada de terra batida, Orlando está quase o tempo todo calado, cabeça baixa.

Às vezes, ouvindo os gritos da multidão e o barulho dos veículos, arrisca um sorriso envergonhado, estranho, tímido, medroso. Certamente não entende nada do que acontece. O Monstro parece estar em outro mundo. O mundo de uma atroz solidão. Um pedaço do cérebro apagado de qualquer lembrança, qualquer sinal de vida. As pessoas à beira da estrada são como nada. Restos de rostos, pedaços de galhos e árvores que passam à meia-luz entre ondas de pó e poeira.

Fora, a algazarra. Dentro, o silêncio. Para ele, tudo parece ser a mesma coisa.

Ali vai pela estrada afora Orlando, o Orlando sem nome. Sem eira nem beira.

Não esboça a menor resistência. Olhos saltando das órbitas, pés inchados, boca rasgada, dentes quebrados, fios de sangue rolam pelo que lhe resta de roupa.

— Cuidado, gente!! Ele parece bobo, mas é um grande estrategista — grita o prefeito. — Ele soube direitinho enganar todo mundo, toda a polícia. Enganou até mesmo o pessoal do DOPS e do Exército...

"Também, pudera. Tem muita gente que diz que ele várias vezes se transformou em passarinho e até galinha, de tão rápido que é. Só isso explica o mundaréu de quilômetros que ele andou, mais de mil quilômetros a pé, e ninguém pegava o homem... Por isso, todo cuidado é pouco... O bicho é danado e acaba fugindo...

"Quando era descoberto, tomava todos os cuidados para não deixar pistas, ora arrastando os pés, ora andando de costas, e muitas vezes usando as margens dos rios para esconder os sinais de seus pés...

"É uma fera indomável, pior que onça no cio...

"Até em dois lugares ao mesmo tempo foi visto!!!"

— Para mim, ele tem pacto com o diabo, pode ter certeza... — grita alguém na estrada.

NA QUADRA DE BASQUETE, UMA FESTA ENTRE DOSES DE UÍSQUE E CACHAÇA.

CANÁPOLIS, ITUIUTABA E UBERABA
11 DE MARÇO DE 1972

Uma emissora de rádio de Belo Horizonte, ouvida na cidade de Ituiutaba, em conjunto com a Voz de Minas, sob o comando da jornalista Césia Bittencourt, informa em primeira mão a prisão do Monstro. As rádios da região imediatamente começam a dar detalhes da prisão. O povo vai às ruas comemorar. Na porta da delegacia local, centenas de pessoas se aglomeram na esperança de ver o Monstro. Os soldados e policiais usam de violência para que as pessoas não tentem invadir o prédio.

Dárcio Gonçalves, o delegado, está preocupado ao ver a multidão chegando. Mais de 500 pessoas gritando, um tumulto só.

— Queremos o Monstro, queremos o Monstro!!!

O delegado não tem dúvidas. Sobe num banco de madeira e grita, com o auxílio de um megafone:

— Por favor, voltem para suas casas. Ele não vem para cá. Vai para Uberaba, para o quartel da polícia. Podem comemorar à vontade, nós pegamos o bicho... Mas comemorem sem bagunça...

As emissoras de rádio suspendem sua programação normal para divulgar a notícia da prisão e contar detalhes da história. Algumas delas repetem seus noticiários dos últimos 10 dias, enfatizam passo a passo o cerco ao Monstro.

Outras tocam marchas e dobrados militares. Interrompem apenas para os locutores cumprimentarem no ar os participantes dos últimos lances da caçada ao Monstro.

— Parabéns aos nossos heróis. Eles são tão importantes quanto os nossos bravos que participaram da campanha vitoriosa do Brasil na Segunda Grande Guerra integrando-se às forças do Exército aliado...

"Estamos orgulhosos e nossos peitos se enchem de justa pujança e alegria. Nós temos a liberdade de nosso povo de volta."

Pode-se ver uma mulher correndo no centro da cidade, chorando de alegria. À sua frente, um soldado. Ela lhe dá um abraço de gratidão:

— Vocês conquistaram a paz de novo para toda a nossa região e nossos filhos, muito obrigado, nunca mais vou esquecer...

UBERABA
QUARTO BATALHÃO DE POLÍCIA

No quartel-general das forças de segurança, o major Fábio se desdobra para receber uma multidão interessada em ver de perto o Monstro. Além da multidão, há os jornalistas. São mais de 60 profissionais de imprensa de todo o Brasil acantonados no quartel à espera da chegada do Monstro do Triângulo.

Muitos repórteres vêm de Capinópolis. Nos últimos dias, ali estava montado o quartel-general da imprensa. Trazem pesados equipamentos de filmagem, fotografia e transmissão de informações. Há enorme expectativa no ar, e o burburinho quase beira a loucura.

O major manda servir um rápido lanche aos jornalistas e autoridades presentes, enquanto o povo grita em vigília lá fora.

— Cadê o Monstro? Cadê o Monstro?

— O homem deve chegar logo. Podem ficar tranqüilos. Assim que chegar, será apresentado a todos vocês para as fotografias e as imagens necessárias.

UBERABA
12 DE MARÇO
1h

Um grande comboio da polícia com mais de 80 veículos acaba de chegar à cidade. Fogos de artifício ecoam por toda a parte na comemoração da prisão do Monstro. Centenas de pessoas saem às ruas.

No quartel do Quarto Batalhão de Polícia, uma multidão aguarda ansiosa. O major acalma a imprensa excitada pela chegada do assassino.

Depois, chama os soldados de prontidão no quartel para se perfilarem. Eles vão receber, no portão principal, com palmas e tiros de festim, o comandante de campo de toda a operação de caça ao Monstro, o coronel Wilson Teixeira, e sua tropa de soldados e os especialistas em ações antiguerrilha, vindos de Belo Horizonte.

Dentro do quartel, os repórteres dão sugestões bizarras. Alguns até apresentam idéias sobre a melhor iluminação para a ocasião e até mesmo para o melhor local para a apresentação do Monstro. Escolhem a quadra de basquete, ampla, e que facilita a movimentação. Ali, Orlando será exibido ao país, fotografado e filmado. Ouvirá muitas perguntas de repórteres ávidos por sua história, ou pelo menos a história de seus "incontáveis crimes" que aterrorizaram uma vasta região durante quatro longos meses.

Às duas da manhã, a perua dourada do prefeito de Ipiaçu entra no quartel de Uberaba. Orlando, espremido no bagageiro do veículo, está algemado e amarrado com uma correia de metralhadora.

Um metro e sessenta de altura, 50 quilos, franzino, mulato, cabelos pretos cobertos de pó e terra vermelha, todo marcado de sangue pisado.

Ao vê-lo chegar, o tenente Aloísio, situado entre as tropas e junto aos jornalistas, não resiste a um comentário:

— Eu tinha visto ele... Um homem de compleição forte e de cabelos ruivos, um sujeito grande, musculoso. Não estou errado...

Os jornalistas se espantam com a primeira impressão do Monstro.

216 CARLOS ALBERTO LUPPI

Imaginavam e aguardavam um indivíduo forte, de porte atlético, cabelos ruivos ou louros. O espanto deu lugar a um ambiente de festa e euforia. Doses de cachaça e uísque vagabundo rolam à vontade.

Orlando é cercado por mais de 200 pessoas, protegido por um pequeno cordão de isolamento humano. Soldados apontam metralhadoras para quem ouse ultrapassá-lo. O esquema de segurança é rígido. Gritos, empurrões, todos à procura dos melhores ângulos possíveis para fotografar e filmar a fera.

Orlando é levado para a quadra de basquete sob o comando do major Fábio. Mesmo algemado e amarrado, está seguro pelos braços por seis policiais. Os jornalistas se divertem. Alguns o provocam. Até com gestos obscenos.

— Vem me pegar, monstro de merda, vem.

— Monstro, olha aqui procê, filho-da-puta.

— Que monstro é esse que mata inocente e se caga todo aqui na nossa frente????...

— Vem cá, major! Vamos registrar para a história este momento. Fica perto do Monstro, major...

— Foi você mesmo quem matou essa gente toda?...

Dezenas de perguntas e provocações de jornalistas e soldados. Como se transitasse por outra galáxia, Orlando permanece quieto, olhos esbugalhados a brilhar sob as luzes das câmeras. De vez em quando parece até sorrir.

Quatro horas da manhã.

A quadra de basquete do quartel da polícia em Uberaba está superlotada de tanta gente. Orlando Sabino, como se fosse um pacote qualquer, é empurrado à força para dentro de uma cela improvisada. Cai no chão duro, bate a cabeça. Sangra. Pela primeira vez, desde que foi preso à beira do rio Tejuco, caga e mija. Sobre si mesmo.

Na quadra de basquete, a noite vai terminando. Jornalistas, policiais e convidados especiais ainda têm um bom fôlego. Fazendeiros da região improvisam um churrasco. É uma festa. Parece não ter fim.

"PARA SER BEM SINCERO,
NÃO SEI DE NINGUÉM
QUE VIU ELE, VENDO MESMO,
OLHO NO OLHO, MESMO..."

UBERABA
QUARTEL DA POLÍCIA MILITAR
12 DE MARÇO DE 1972
10h

O coronel Wilson Teixeira reúne os repórteres para uma entrevista numa sala do quartel. Hoje ainda, a partir das 13 horas, o Monstro será levado para Belo Horizonte, de acordo com ordens expressas da Secretaria de Segurança e das forças policiais militares de Minas. Vai ser uma longa jornada.

O furgão que conduzirá Orlando pelos 500 quilômetros do trajeto entre Uberaba e Belo Horizonte será escoltado por 40 carros da polícia. Cada detalhe previamente traçado desta história será fielmente cumprido.

— Não temos qualquer documento de identidade do Monstro — assinala o coronel. — Apreendemos alguns bagulhos em seu poder, como restos de roupa, foice, facão e latas. Isso é tudo que temos até o momento. O nome Orlando foi ele que nos deu.

"Dá até pra estranhar um pouco. Vocês noticiaram que o Monstro era ruivo e forte. Ele é ruivo por causa da poeira na sua cabeleira. Isso é anormal. A cor preta de seus cabelos nem voltou ao normal ainda.

— Você está me perguntando se alguém viu o matador de todas aquelas pessoas e também dos bezerros degolados. Pra ser bem sincero eu digo que até o momento eu pessoalmente não sei de ninguém que viu, vendo mesmo, olho no olho, mesmo...

"Todas as suas vítimas foram mortas. Suas características não eram bem conhecidas não... há um desconhecimento geral dele.

"Você me pergunta como conseguimos identificar Orlando como o Monstro procurado. É claro... contamos com a intuição, felicidade e sorte para chegarmos até ele.

"Na verdade, tem uns três dias, alguns lavradores ali perto do Tejuco nos procuraram e disseram que haviam visto um homem correndo pelos arrozais. Meu pessoal então passou a patrulhar as margens do rio até chegarmos ao homem que estava levando a intranqüilidade aos moradores de tão rica e vasta região.

"Na verdade, ninguém o viu exatamente, até porque todos corriam dele com medo... Não nego que contamos com o fator sorte. Antes de trazê-lo para cá, passamos com ele na casa do casal de velhos que ele matou, e ele nos mostrou onde ficavam o sal da cozinha e as panelas. Foram indícios mais que suficientes. Isso já nos convenceu da série de crimes por ele praticados. Nesta casa, inclusive, ele matou uma galinha pra comer.

"Testemunhas?... Francamente, não temos nenhuma testemunha dos crimes até agora. Não escondo que foi nossa intuição o que mais contribuiu para a prisão do louco assassino.

"Ah!... eu sei que o caboclo do interior é um observador nato. Ninguém passa por uma fazenda com espingarda, facão e foice às costas sem ser notado... Isso é uma regra geral, mas tem exceções... Esse é o caso aqui. Não havia informação alguma. Só recebi informações sobre um desconhecido há três dias, como já falei. Se não existisse a sorte, não sei se o teríamos pegado. Vou repetir: intuição e sorte, assim, nesta ordem...

"A operação contou com a participação de todas as nossas forças de segurança, o Exército, a Polícia Militar, o Batalhão de Infantaria, o pessoal do DOPS e da PM2, e especialistas do Serviço Secreto. Claro... uma operação de guerra desse porte tinha que ter todo mundo envolvido, é normal, não é exagero. Uma operação de guerra sem chances de dar errado e coberta de êxito total!" — fala eufórico o coronel.

BELO HORIZONTE
CASA DE DETENÇÃO
13 DE MARÇO DE 1972

Orlando chega a Belo Horizonte às três horas da madrugada.

É recolhido a uma cela solitária.

Recebe um laudo provisório de "louco", ao mesmo tempo que é registrado e fichado como "indivíduo de altíssimo nível de periculosidade".

Trancafiado, incomunicável, sedado.

Nos próximos dias, vão interrogá-lo.

Vai apanhar como nunca. Tentarão arrancar dele qualquer coisa. Começa aqui, neste dia, o processo que praticamente lhe confiscou a memória.

Vai ficar na Casa de Detenção, numa cela imunda e solitária, e não terá a mínima chance de recorrer a quem quer que seja. Orlando sem nome. Orlando sem ninguém.

Em alguns meses, cumprirá seu destino previamente traçado e arrumado.

Vão começar a esquecê-lo por uns tempos. Dentro de alguns meses, será levado para o Manicômio Judiciário Jorge Vaz, em Barbacena. Ali, será abandonado.

E, de lá, está programado para não sair vivo.

Do Morro da Forca ninguém escapa. Escapa?

"O Poder de Luísa Não Está no Olhar, Nem no Sexo. Está em Saber Jogar o Jogo Certo. É Isso Que a Torna uma Estrela da República."

BRASÍLIA
31 DE MARÇO DE 2003
11h

Uma pequena mas chiquérrima recepção íntima marca a comemoração do primeiro mês do segundo casamento de Luísa, agora com o empresário e fazendeiro José Germano Flores, mineiro de família da região do Triângulo Mineiro.

Uma casa de campo nas proximidades de Brasília é o cenário. Um bufê impecável para cerca de cem convidados, personalidades de influência da capital federal e do círculo de amizades do casal.

No gramado de campo de golfe, uma longa mesa de toalhas azuis. Quatro toldos espalhados, verdadeiras salas íntimas totalmente equipadas com sofás, cadeiras, aparelhos de som e *home theather*. No circuito fechado de televisão, cenas esparsas da vida de Luísa e do empresário, desde pequenos. Cenas familiares, íntimas e belas.

Bonita e elegante como sempre, Luísa e seu marido recebem os convidados. Políticos, empresários, jornalistas, *socialites*, familiares. Gente acostumada a se ver e se freqüentar nas rodas de pôquer e *videogames*, nos *spas* do sul do país, nas exposições de gado de Minas e São Paulo, nas academias de ginástica, solenidades políticas e cultos diversos.

A simpática Luísa é um autêntico colírio. Esbanja charme e atitude. Personalista e gentil, não deixa nada nem ninguém sem um espetacular sorriso. Lindos dentes brancos perfeitos. Boca larga, voz rouca, um olhar de fazer sonhar.

Agora ela abraça com seus peitos pequenos insinuantes um velho amigo da família. Alto, moreno, cabelos pretos sobre a testa, sorriso escancarado, um tanto quanto nervoso. Um jovem senhor acostumado às rodas parisienses, João Pedro Dominguez.

Ele chega acompanhado de uma morena de pele clara, cabelos longos e esvoaçantes. Trata-se de sua ex-mulher. Dela se separou em 2000, após uma briga numa suíte de um conhecido hotel de Brasília.

Fora um escândalo nas rodas da capital. Enfurecido, João tentara, diziam, jogá-la pela janela do quarto andar do hotel.

Ela havia descoberto que João colecionava suas fotos, tiradas na intimidade do casal, para vendê-las a *sites* pornográficos no exterior. A comercialização era feita através de intermediários na Argentina e Uruguai, países onde João Pedro tem grandes e influentes amigos e goza de prestígio.

João expunha, dessa forma, a vida e a carreira não só da mulher como também de sua jovem filha, que, embora sem ter o mesmo brilho da mãe, já aparecia com alguma freqüência em jornais e revistas de personalidades e artistas da televisão e da moda.

Apesar da briga e da separação, não deixavam de se falar. De vez em quando apareciam em festas e recepções, sozinhos ou junto com a filha, de 14 anos, uma moreninha insípida metida a besta. Agiam assim de propósito, parecendo mancomunados em deixar sempre no ar, com estas aparições, um universo sem limites de possibilidades. Tanto para ele quanto para ela.

João fora o centro de muitas cenas de ciúmes do casal. E, uma vez, a polícia chegara até sua casa após ter recebido uma denúncia de que ele, sob o olhar complacente da ex-mulher, atentara contra a vida de sua mãe ao amarrá-la e amordaçá-la em uma cama de casal, deixando-a 48 horas sem comer e até mesmo beber água. Nessas horas, ela parecia sentir um certo prazer ao ver João agir assim. Ria, fazia uma cara de criança boboca, gemia e batia a cabeça contra a parede. Dava a entender que tudo isso mexia sexualmente com ela. No auge da sensação, gargalhava e chamava João Pedro de "mariquinha".

DINASTIA DAS SOMBRAS   **227**

Este era João Pedro, cujo pai, desembargador, fora amigo íntimo do coronel Edgard Felinto, pai de Luísa. Ambos freqüentaram juntos clubes militares. Luísa e João se conheciam desde pequenos. Nas festas que ela promovia, João jamais deixaria de ir. Ela o considerava um irmão, e ele, naturalmente, também tinha por ela enorme afeição.

Aqui, na festa de Luísa, João Pedro, a ex-mulher e a filha são muito mais que convidados. Circulam encantadoramente nas rodas que se formam, falantes e sorridentes. Contam e ouvem histórias. Sabem de todos os segredos. João Pedro, principalmente. Pensa, com orgulho, ao ver a amiga desfilar seus encantos entre os convidados:

"O poder de Luísa não está no olhar nem no sexo. Está em saber jogar o jogo certo. Dançar conforme a música. É isso que a torna uma estrela da República."

"Puro Sensacionalismo.
Foi a Maior Exibição de Força
e Autoridade. Tudo Produto
da Fértil Imaginação."

BARBACENA — MINAS GERAIS
MANICÔMIO JUDICIÁRIO
27 DE MAIO DE 2004
10h

Com 32 anos e recém-formado, o jovem ator conseguiu uma liberação especial do Departamento de Movimentação Judiciária da Secretaria de Justiça de Minas Gerais.

O interesse de Lucas é passar algumas horas no manicômio, tomar contato com a realidade de um hospital psiquiátrico judiciário, construído para abrigar sentenciados da Justiça, necessitados de tratamento e isolados da sociedade.

Vai fazer o que na classe artística normalmente se chama "laboratório de personagem". Dentro de alguns meses fará o papel principal de um louco numa peça de teatro e num filme de produção americano-brasileira, uma incrível história de um brasileiro anônimo, um "bode expiatório" responsabilizado por uma série de crimes, um louco manso entregue à própria sorte... Um tal de Orlando. Orlando sem nome, morto em maio de 1991, segundo consta.

Na rua em frente à entrada do manicômio, o ator pára no bar da esquina, toma um café, come um pão de queijo.

Aqui é o começo do famoso Morro da Forca. Venta levemente. O rádio do bar apresenta uma canção romântica.

Uma reação de incômodo o surpreende quando ele lembra e imagina quantos corpos estão ali enterrados na crista do morro, bem debaixo de seus pés.

232   Carlos Alberto Luppi

TRIÂNGULO MINEIRO
27 DE MAIO DE 2004
11h

Na praça central de Ituiutaba, o velho juiz dá uma entrevista:

— Puro sensacionalismo... foi a maior exibição de força e autoridade já presenciada no Pontal do Triângulo!!! Isso contribuiu, é claro, para se chegar à inverossímil acusação contra o débil mental que é Orlando.

"Ninguém o conhecia na região. Suas declarações não condizem com sua debilidade mental, com seu analfabetismo, sua total ignorância e rusticismo. Todas as suas declarações nos processos armados contra ele são puro produto da fértil imaginação de quem as datilografou, empolgado pela solução aparente de fatos escabrosos ocorridos em outras cidades desta região.

"Claro!!! Alguém teria que ser responsabilizado pelos hediondos crimes. Orlando foi o escolhido. Calhou para a solução do caso!"

BARBACENA
MANICÔMIO JUDICIÁRIO
27 DE MAIO DE 2004
11h30

O manicômio foi construído há mais de cem anos sobre um morro conhecido como o local em que se enforcavam os sentenciados. Passou por diversas reformas, mas não perdeu a fama de ter sido, ao longo da história, um dos piores hospitais psiquiátricos do mundo.

Tornou-se o símbolo de uma cidade dominada por políticos de famílias opostas. Uma cidade que, ao lado do manicômio e da loucura, tem as rosas e as flores como seu maior ícone. Como diz a canção do rádio: "Barbacena... rainha da serra da Mantiqueira... Barbacena... jardim perfumoso da terra mineira..."

O jovem ator deixa o bar com um leve aceno ao balconista.

Na entrada do portão que leva ao hospital, apresenta-se ao atendente Geraldo. É identificado numa folha de registro típica do manicômio.

Depois, caminha lentamente subindo uma curta rua interna que leva à entrada principal. O sol é ameno, o vento é relaxante, mas aquele incômodo estranho persiste. Não há ninguém passando ali, está tudo muito limpo, mas a sensação é a de que uma multidão de rostos desconhecidos o olha e o acompanha. Ele pára. Respira. Olha em volta.

"NA VERDADE NÃO EXISTEM
QUAISQUER INDÍCIOS QUE PROVEM
SER ORLANDO O ASSASSINO.
OUTRAS PESSOAS DEVEM TER
COMETIDO OS CRIMES."

TRIÂNGULO MINEIRO
27 DE MAIO DE 2004
12h

Em Ituiutaba, o juiz, com voz embargada, ainda enfrenta o microfone dos repórteres:

— Na verdade não existem quaisquer provas periciais ou testemunhais que demonstrem ser Orlando o assassino, o culpado dos crimes.

"Outras pessoas devem ter cometido os crimes, aproveitando-se do terror então dominante na região e no país...

"Para júbilo e gozo da publicidade e do sensacionalismo, a culpa recaiu no 'Monstro do Triângulo', ou seja, no pobre coitado do Orlando. Por isso, julguei por bem considerar totalmente improcedente qualquer denúncia contra ele. Revoguei qualquer medida de segurança emitida contra ele. E mandei oficiar ao manicômio declarando sua total inocência...!!"

BARBACENA
MANICÔMIO JUDICIÁRIO
27 DE MAIO DE 2004
12h30

Recebido na entrada principal do manicômio, o ator observa uma galeria de fotos de personalidades ligadas ao lugar. Olha atentamente enquanto espera.

238 CARLOS ALBERTO LUPPI

Solta um suspiro ao ler na fachada em letras grandes: Hospital Judiciário Psiquiátrico Jorge Vaz. Dois indivíduos de uniforme azul estão bem ali do lado de fora, cuidando de dois canteiros de rosas. O ator imagina-se ali dentro, olhando o corredor indefinido que leva às celas da ala dos homens. Atualmente, atrás daquelas grades, há 187 presos. Homens com graus diversos de distúrbios psiquiátricos e problemas mentais condenados pela Justiça. As mulheres ocupam outra ala, construída na parte esquerda de quem sai do manicômio. Todos acusados e condenados por crimes tão vastos quanto estranhos. Loucos mansos, loucos cruéis, alguns perversos, outros violentos. E também aqueles que nem parecem sofrer distúrbios mentais. Psicopatas capazes de ganhar prêmio da inocência do ano.

Num pequeno corredor da entrada, em exibição, uma antiga máquina de eletrochoque, durante muito tempo usada ali.

Logo depois, o tom sombrio do corredor se define melhor. É ali, atrás daquelas grades centenárias abertas para ele e o diretor do manicômio passarem, bem em frente a um grande painel sobre a loucura, que Lucas vai começar a construir o personagem de sua história.

"OS PROCESSOS NÃO SE SUSTENTAM.
TUDO FRUTO DA IMAGINAÇÃO
E DO PÂNICO."

TRIÂNGULO MINEIRO
27 DE MAIO DE 2004
13h

Em Tupaciguara, o juiz Eraldo Neves declara a um grupo de advogados:

— Eu o impronunciei por absoluta falta de provas. Orlando é inocente, e todo o processo contra ele é uma farsa... Decretei sua prisão preventiva em 1972, mas mandei relaxar a prisão logo depois. Eu não queria que ele ficasse no manicômio.

"Não há nada. No meu entender, não cometeu qualquer crime. Os processos não se sustentam. Trata-se de um inocente..."

COROMANDEL
27 DE MAIO DE 2004
13h20

O Dr. Santos examina as páginas de um processo. Declara:

— Não há provas. Tudo é fruto da imaginação e do pânico que se instalaram na região. Na verdade, é uma história que envergonha o país. Um absurdo... Decretei medida de segurança para ele por dois anos, no manicômio, mas imediatamente, diante dos fatos e da clara inocência, mandei relaxar e invalidar esta decisão!!!! Os crimes foram cometidos por pessoas com alta capacidade de não deixar pistas nem rastros. Com certeza, não é o caso de Orlando...

242   Carlos Alberto Luppi

**UBERABA
27 DE MAIO DE 2004
14h05**

O velho juiz responde a um jornalista local:

— Orlando Sabino é um doente mental. Sempre foi um louco manso, totalmente incapaz de cometer qualquer crime. O que fizeram com ele foi um crime cruel e torpe. Sua chegada a Uberaba, ao Batalhão de Polícia, depois de preso, foi um autêntico massacre contra um ser humano, uma desumanidade!

**BARBACENA
MANICÔMIO JUDICIÁRIO
CORREDOR PRINCIPAL
27 DE MAIO DE 2004
14h10**

Por onde passam, o ator e o diretor recebem gritos de "boa tarde", vindos das celas.

Os presos, em celas coletivas ou individuais, gostam daquela movimentação. Agarram-se nas grades ou sorriem timidamente. Ou ainda se encolhem em lençóis azuis sobre camas de alvenaria, só os olhos esbugalhados aparecendo, numa estranha e compreensível expressão de medo e desencanto. Agentes penitenciários, agitados, tentam sempre chamar os presos pelo nome. Recebem em resposta, quase sempre, pedidos de cigarros.

— Aquele ali matou a mulher, dois filhos, e tentou se matar. Está aqui tem 12 anos. Não costuma dar problema.

"O outro lá pôs fogo num bairro inteiro de uma cidade do interior de Minas. Morreram muitas pessoas. Ele ri o tempo todo. Se der para ele uma caixa de fósforos, é capaz de pôr fogo no manicômio! No dia-a-dia é boa gente. Não é, seu Cristiano?...

"UM INOCENTE, RECLUSO POR TODO UM APARATO MILITAR SEM SENTIDO. O MANICÔMIO É PIOR QUE UM CAMPO DE CONCENTRAÇÃO!"

CANÁPOLIS
27 DE MAIO DE 2004
14h40

O juiz criminal é bastante enfático ao dizer que "Orlando Sabino é totalmente irresponsável pelos seus atos".

— Eu o absolvi sumariamente dos crimes que lhe foram impostos nos processos.

"Acabei mandando aplicar medida de segurança por questões quase humanitárias. Solicitei que ele fosse internado para tratamento específico de saúde no manicômio por seis anos. Depois disso, e uma vez absolvido por falta de provas, ele deveria ir embora de lá, mas não foi?

"Considerei que lá no manicômio, apesar dos pesares, poderia ter um tratamento mais digno e condizente com sua situação. Foi a solução que encontrei para um caso extremamente estranho..."

CAPINÓPOLIS
27 DE MAIO DE 2004
15h

O Dr. Alves coça o bigode. Está revoltado. É crítico e dramático:

— Oficiamos ao Manicômio de Barbacena da inocência de Orlando Sabino. Nós não queríamos que ele ficasse nem mais um dia lá...

"Orlando é um inocente recluso por todo um aparato militar sem sentido!

"Todo mundo sabe desde muito tempo que esse hospital não recupera ninguém. Sempre foi um autêntico sorvedouro humano, pior que um campo de concentração!"

BARBACENA
MANICÔMIO JUDICIÁRIO
27 DE MAIO DE 2004
15h35

— Quero sair daqui! Quero sair daqui! Daqui!... — grita um preso, balançando com violência as grades de sua cela.

— Você não está sendo bem tratado aqui? — pergunta o diretor do manicômio, ao vê-lo.

— Qual é o seu problema? Calma! — diz um agente penitenciário. Em frente à cela, o ator ouve o preso:

— Me pegaram, me arrastaram, me deram um monte de facadas, aqui ó, dentro do meu coração... bem dentro daqui. Eu estou meio morto, não posso nem respirar... Depois eu vou encontrar com meu avô. Ele tinha um cavalo doido e sempre me levava pra passear com ele. Meu avô... tá logo ali embaixo e vem me pegar.

— Esse é pirado mesmo. Não fala coisa com coisa. Adora fazer discurso, mas também não dá problema; de vez em quando dá uns gritos e gosta de aparecer... Quando chegou aqui, tínhamos que passar a comida dele por baixo da porta da cela com rodo. Ele era meio violento. Tentou fugir! Mas foi se acalmando; hoje taí, dá uns gritos, fica nisso!!! — diz um agente.

"Vó! O que foi que aconteceu, Vó? Fala, Vó, fala!"

27 DE MAIO DE 2004
RIO DE JANEIRO — BARRA DA TIJUCA
15h50

Tarde de sol. O vento é suave e refrescante.

É Luísa.

Óculos escuros, cabelos soltos, um pouco abaixo da linha dos ombros, muito bem vestida com um terninho completo sobre camiseta branca.

Ela está no banco de trás de uma Mercedes azul-marinho, a caminho do aeroporto Tom Jobim. Embarcará para Brasília, onde vive, no vôo das 19h30.

A Mercedes pára em frente a uma agência bancária. O motorista se dirige a um dos caixas eletrônicos. Digita a senha e saca mil reais. Retorna à Mercedes e arranca em direção à casa do general Augusto Spansky, no Jardim Oceânico, onde ela precisa passar, antes de ir para Brasília, levando uma encomenda do oficial.

O celular toca. Ela atende. Ouve, quieta, apenas respira. De vez em quando passa a língua sobre os lábios vermelhos e a mão esquerda na testa de pele fina. Está mais morena que de costume depois de passar a manhã em delicioso *topless* na praia do Abricó. É assim que ela gosta de fazer Brasília tremer com sua presença. Insinuante e delicada. Sensual e sexual. Três minutos depois, manda o motorista parar novamente, agora na praça, ao lado de uma banca de frutas.

A praça está vazia. Num dos bancos, um senhor grisalho, com um bebê ao colo, cantarola. Logo se levanta e sai.

A 50 metros dali, quase no fim da singela pracinha, bem atrás do vendedor de laranjas, na visão de Luísa dentro do carro, pode-se observar uma senhora, 63 anos, ralos cabelos brancos, empurrando alegremente o balanço onde se encontra seu neto de 7 anos. A risada do garoto inunda a praça e se mistura aos sons dos pássaros a brincar entre as flores e as árvores.

Balanço vai, balanço vem. Risos.

— Vó, a senhora agora vai morar com a gente, não vai?

— Se sua mãe não me encher muito o saco, até pode ser...

— Não, vó!! Eu não vou deixar... fica com a gente, fica...

Luísa observa a cena. Depois manda o motorista comprar umas laranjas para levar para o general. O motorista desce do carro.

— Me dá duas dúzias de laranja — diz para o vendedor. — Por favor, ponha numa caixa, é pra levar...

— Pois não, meu amigo, é pra já!!! Aqui estão...

— Tome sua grana... obrigado!!!

O motorista se vira para retornar ao carro. À frente da Mercedes, um rapaz de uns 25 anos aparece, de arma em punho, tentando quebrar os vidros do carro blindado. Bate com a arma no vidro da frente.

No interior da Mercedes, Luísa é rápida e saca uma arma. O motorista corre para o lado oposto de onde ela se encontra, também com uma arma na mão. O vendedor se joga no chão e derruba a banca de laranjas.

Ouvem-se dois tiros secos.

O primeiro mata o jovem assaltante.

O segundo acerta a senhora de 63 anos a 50 metros de distância, brincando com o neto.

Nenhum gemido, nada.

O tiro desfechado por Luísa acerta em cheio o coração de Césia Bittencourt, mineira de Uberaba, ex-radialista do Triângulo Mineiro, que visitava a filha, o genro e o neto no Rio de Janeiro.

Césia, após passar algum tempo na Europa, voltara ao Brasil. Recentemente tentara chantagear o general Spansky com histórias do passado. Queria dinheiro em troca de alguns anos a mais de silêncio.

DINASTIA DAS SOMBRAS **253**

Principalmente porque sabia que o general era um importante e ativo membro de uma organização clandestina que misturava a fé religiosa com um exacerbado patriotismo.

— Vó!!!!!! O que foi que aconteceu, vó???? Fala, vó, fala... — grita o garoto, debruçado sobre o corpo de Césia, no chão.

Depois, olha, angustiado e chorando, para a frente da praça. Está tudo calmo, tranqüilo, parece que nada, absolutamente nada, aconteceu ali.

No chão, o vendedor está quieto, não faz um movimento.

Um pouco mais além, o jovem assaltante, morto sobre umas folhas e galhos quebrados.

Após passar rapidamente pela casa do general, Luísa vai estar no aeroporto.

Será recebida por amigos e colegas.

Vai embarcar para Brasília.

"Vou Fazê-la Subir aos Céus e Sentir o Quão Doce São os Ventos Que Balançam as Nuvens!.."

BARBACENA
MANICÔMIO JUDICIÁRIO
CORREDOR DA ALA DE ISOLAMENTO
27 DE MAIO DE 2004
17h15

— João Pedro, você por aqui? Não é esse seu nome?

— Pra começar, boa tarde, meu chapa...

— Boa tarde, desculpe...

— João, você está preso por ter assassinado a golpes de ferro de passar roupa a passadeira de sua casa, uma menina de 18 anos...

— Há um erro nessa informação. Na verdade, foi ela quem me matou...

— Como?????

— Ela é responsável por me matar por dentro, aqui dentro de mim. Meu coração não resistiu quando ela me olhou com aquele ar de desprezo... Jogou a camisa em cima de mim! E disse "se vira, se vira". Eu reclamei que a camisa estava mal passada na gola e ela me olhou com um ar insuportável de total superioridade. Ali eu morri, morri por dentro, dentro de mim, sabe!?...

— Mas, João, consta que você a estrangulou também, com aqueles fios do ferro. Estourou seu rosto, foi cruel!

— Meu amigo, a vida tem incríveis histórias, e cada um conta como e o que quiser... Loucos varridos estão aí mesmo a assombrar as pessoas. A psicologia humana tem razões estranhas e complexas. Cada um tem sua loucura, a vontade de matar está em nossa alma mais profunda, é um desejo latente, presente, possante, incandescente. Tudo que acontece, uma simples bolsada na nossa cara, uma discussão na calçada, tudo

258   CARLOS ALBERTO LUPPI

é motivo pra você matar uma pessoa, e tudo é motivo pra também merecer o perdão das pessoas.

"Estou preso aqui por que exatamente??? Porque respondi à altura a um insulto. O que vale é o sentimento!!! É a paixão com que se fazem as coisas!! Mesmo que seja um crime, um horror qualquer! Feito com paixão, não é um crime. É e sempre será um ato de ousadia extrema, quase um ato de coragem, de vontade de superar a si próprio, não um ato de covardia!!!" Os advogados pensam assim também...!

— Você foi acusado, o crime foi provado, aconteceu na mansão de Anchieta. E depois disso você invadiu o quarto de sua mãe e tentou matá-la com uma echarpe comprada por você em Paris. Ou foi em Buenos Aires???

— Meu ilustre camarada! Nada será maior motivo de orgulho para mim do que reverenciar minha querida mãe. Como eu, nascido no Brasil, acostumado às mais altas rodas da sociedade, amigo de políticos e até de padres e bispos, criado em Paris, seria capaz de matar uma pobre criatura, minha passadeira, depois atentar contra a vida de minha mãe? Isso é uma completa estupidez e uma completa falta de educação.

— Mas você está com medida de segurança de pelo menos dez anos... como está passando seus dias aqui?

— Tenho tido acesso a todas as informações do mundo. Sou o único que tem tevê a cabo. Aliás, peço-lhe o favor de falar com o diretor aí para enviar um técnico para dar uma olhada nuns canais que não estão pegando... direito... tenho tido alguns problemas com esse cabo da tevê. Mas eu até que me divirto, lendo, dormindo, vendo tevê, examinando de perto esse pessoal todo que está aqui.

— João, você está numa cela pequena, mais ou menos limpa e fechada por grades, nesta ala de segurança máxima do manicômio...

— Não diga isso... isto aqui é um hospital, não é um hospício... existem sim uns loucos e pobres coitados, mas eu estou aqui com a total dignidade de quem ama demais o próximo. Adoro minha mãe e não sou capaz de ferir nem mesmo um mosquito...

— João, o que houve na realidade? Você matou ou não matou a menina? Dizem que agora você está obcecado por matar sua mãe...

— Meu amigo, eu lhe peço. Estou escrevendo uma substancial carta para o Tribunal solicitando minha total soltura. Faço isso por razões humanas. Peço que dê seu apoio. Na carta, sou totalmente sincero.

— Você já a escreveu?

— Estou no final. Imagino como minha mãe deve estar sofrendo com minha ausência de sua casa... Ninguém pode privá-la de ser feliz, e só eu posso fazê-la feliz... Por isso, preciso ser solto logo, logo. Sei que você será capaz de me ajudar, vejo nos seus olhos. Fale aí com o diretor.

— O diretor está aqui, pode falar com ele direto...

— Doutor!.. O senhor pode falar com o Tribunal e me soltar. Porque a menina está morta, tenho que morrer eu também aqui? Minha mãe está precisando de mim...

— Sua mãe está em Brasília...

— Minha mãe não tem ninguém para fazer carinho nela. Eu posso fazer isso. Só eu. Quero sentar no colo dela, passar as mãos em seus cabelos, não é, mãezinha querida?... Fazê-la subir aos céus e sentir o quão doce são os ventos que balançam as nuvens...

Parado, olhando fixamente através das grades da cela da área de isolamento do manicômio, João Pedro parece se ausentar mentalmente.

Alto, forte, cabelos pretos, pele branca, não mudou absolutamente nada desde que para ali fora levado, em março de 2004, após ser preso em Belo Horizonte por ter assassinado, num acesso de loucura e paranóia, a passadeira da casa onde morava com a mãe, depois de ter se separado de sua linda mulher, a modelo Ana Stefania.

Lucas, o jovem ator, não estranha quando ali, parado no corredor da ala de segurança máxima, começa a se despedir de João. Estende-lhe a mão. E João, olhando para a frente perdido em seus próprios pensamentos, obcecado por um ponto qualquer da parede em frente, nem pisca. Ausente, parece que nada está acontecendo ali. Tudo é absolutamente normal.

260 CARLOS ALBERTO LUPPI

— Talvez seja o criminoso mais perigoso daqui. É frio, calculista, maníaco, psicopata pesado, um louco cruel e desumano, é capaz das maiores perversidades — diz um agente. — Agora está obcecado e só pensa em matar a própria mãe. Por isso está em cela própria, na ala de isolamento. Conversa bem, fala educadamente, mas é um louco varrido... Barra-pesada, um caso dificílimo.

A três metros dali, é Luiz Henrique quem toma banho na própria cela. Um olhar enviesado de baixo para cima, testa franzida, sabão pelo corpo nu. A boca marcada de fios e furos de arame. O sangue escorrendo pelo corpo, peito, pernas, antes de cair pelo ralo.

— Esse não consegue falar. Tivemos que quase blindar a janela da cela. Ele conseguia arrancar o aramado da grade, furava a boca com o arame e dizia que ia costurá-la.

— Ele está todo estourado...

— Além disso, uma vez, conseguiu com três arames grossos juntos cortar um pedaço do próprio pênis. É um louco sem noção do perigo. É do tipo violento consigo mesmo... Ele não faz nada com os outros, fica em silêncio. Consigo mesmo, é extremamente brutal. Tem uma espécie de obsessão em se automutilar...

— Posso falar com ele?...

— Você não vai conseguir...

— Como é o seu nome...?

— De onde você é?...

O preso aparenta ter 48 anos. Está no manicômio há oito.

Ao ver o ator e o diretor próximos, larga o banho, segura as grades. E mostra o próprio pênis mutilado. No seu rosto, uma gargalhada que ecoa pelo corredor.

Depois, o silêncio.

"São Todos Velhinhos Legais! Não Vão Sair Nunca! Assim Vão Ficando!"

BARBACENA
MANICÔMIO JUDICIÁRIO
18h07

Mais três passos, e a noite começa a entrar na alma do manicômio. Novamente, aquela sensação de vazio no coração do mundo.

Os presos reagem, ficam mais excitados. Falam mais alto. Alguns gritam. Outros lamentam como lobos encantados pela lua cheia. E há os que choram e assoviam, misturando-se aos sons que saem da tevê a cabo da cela de João Pedro. Ele está vendo, olhos bem abertos, respiração curta, um clássico do cinema, com Robert Redford e Nathalie Wood. No diálogo, a voz dublada de Nathalie:

— Você sabia que quando uma estrela cai do céu, se a gente olhar para ela e fizer um pedido ele se realiza?

Três passos a mais.

Na cela de 20 metros quadrados, 17 homens estão deitados e sentados em sujas camas de alvenaria. Alguns se encolhem por baixo de um lençol azul. Mostram apenas o rosto. Outros fixam o olhar no chão. O cheiro de cigarro é insuportável. Toma conta de tudo. Os presos fumam o tempo todo. E a todo momento pedem aos agentes penitenciários mais próximos um cigarro.

Não é cigarro convencional, comum. Eles gostam de cigarrinho feito de fumo-de-rolo enrolado na mão com papel de embrulho. Nos corredores, existem dezenas de latas cheias de cigarros. Ficam ali à disposição dos presos. É só pedir. Mais de dois mil cigarrinhos são consumidos por dia no manicômio. Eles chegam até as grades e pedem aos agentes. A ordem é não negar nenhum pedido de cigarro. Uma rotina dramática. Um cheiro que infesta todo o ambiente.

264 CARLOS ALBERTO LUPPI

— É a maior válvula de escape deles...

— Tentaram em Belo Horizonte proibir o cigarro aqui dentro. Foi uma barra pesada... Eles praticamente ameaçavam quebrar tudo, e nós não íamos sair daqui vivos. Foram 30 horas de alta tensão, e o cigarro teve que voltar ao cardápio dos presos. Não teve jeito — revela o diretor.

Na cela apelidada "Ala dos Velhinhos", ninguém fala nada. Apenas um deles assovia. Todos olham desconfiados para o ator e o diretor que chegam, acompanhados mais de perto por um agente penitenciário.

— Oi, pessoal, vocês não querem dar uma palavrinha comigo?...

— Puxa!!!! Vocês hoje estão muito quietos...

Um preso solta uma gargalhada no fundo da cela. Outros se encolhem mais ainda, escondendo-se por trás dos lençóis. Há até alguns que viram as costas, deitados, mudos.

— A maioria deles tem mais de 20 anos aqui dentro... — fala o diretor.

— Oi, pessoal, vim aqui para uma prosa com vocês — diz Lucas.

18h30

O ator é interrompido. Do fundo da cela, uma voz levanta:

— A gente deve de dar boa-noite primeiro...

— Ah! Desculpe. Boa noite para todos, boa noite do fundo do meu coração...

De certa forma, o ambiente se descontrai um pouco. Todos riem, alguns soltam boas gargalhadas.

— Ei, seu Antônio..., há quanto tempo o senhor está aqui?...

— Tem tempo, tem tempo. Mais de cem...

— Aquele ali matou a irmã e jogou os braços dela decepados num rio...

— Como é o seu nome?...

DINASTIA DAS SOMBRAS **265**

— Jubelo. Nasci em São Pedro, vim pra cá novo, verdinho, verdinho... Agora tou caindo de maduro, já me acostumei, vou pra lá, vou pra cá, é isso mesmo...

— Vamos dar uma prosa, seu Jubelo...

— Eu quero minha mãe. Tem tempo que não vejo ela..

— O senhor não tem família, filhos, mulher?

— Sei mais não...

— Não viu eles mais depois que veio pra cá?

— Não sei, não sei, assim tô ficando nervoso...

— E sua mãe?...

— Quero ver ela, ver ela...

— Vocês são bem tratados aqui?

— A gente vai vivendo... Tem cigarrinho, o senhor tem cigarrinho?

— Se o diretor deixar, vou mandar comprar lá fora um cigarro legal para vocês...

Começam a rir. Agitam-se um pouco. Dois presos se levantam, chegam mais próximos. Um deles quer contar uma história...

— É seu Pedro Batista... Não sei bem a história dele não...

— Pode contar, seu Pedro...!

— Você não pode mandar trazer pra cá umas meninas não?...

— Já sei... ele cometeu crime de estupro e assassinou duas meninas. Isso tem mais de 24 anos, mais ou menos. Nunca saiu daqui, no dia-a-dia é bonzinho, não reclama. São todos velhinhos legais! Não vão sair daqui nunca! Não têm para onde ir, praticamente, ou então a família os abandonou completamente. Assim, vão ficando...

— Tem um aqui que nada fala... Está aqui bem quietinho, sentado na cama.

— Como é seu nome? O senhor pode falar comigo?...

O preso, de cabeça baixa, levanta o olhar, empertiga-se um pouco. Não diz nada...

— Me diz seu nome...

266 CARLOS ALBERTO LUPPI

Lentamente, o preso parece acordar de uma espécie de sono, uma estranha ausência. Solta um leve gemido. Não dá para entender o que ele fala, ou que ameaça falar. Tenta balbuciar.

— Quantos anos o senhor tem? Está aqui há muito tempo?

Não há resposta. Apenas um olhar, fixo nos olhos de Lucas.

O preso se enrola num lençol. Sentado na beira da cama, cabelo pixaim já com vários fios brancos, uma pronunciada testa e a boca sem dentes, aparenta docilidade. Parece tímido, totalmente ausente, incapaz mesmo de pronunciar qualquer palavra.

— Este aqui... deixa ver... bem, não sei direito... é que assumi a direção do manicômio há muito pouco tempo.

"Se não me engano... ah! Agora estou me lembrando, vendo o defeito que ele tem nas mãos... anos atrás andaram confundindo um outro preso com ele. Parece que o outro acabou morrendo queimado num incidente estranho, acontecido numa madrugada. Primeiro foi esfaqueado. Depois queimado. Uma história incrível. Ele é do tipo calmo, tranqüilão. Quando veio para cá, era mais bravo, depois ficou mais calmo, hoje não dá trabalho, quando fala só sabe dizer "São Paulo", ninguém sabe por quê...

"Não tenho a menor idéia do que ele andou fazendo pra estar aqui. Só sei que é o mais velho aqui dentro. Tem 61 anos! Está aqui tem 34 anos!!! O nome dele é Orlando... Orlando... Orlando Sem Nome!

"Você Sabe o Que É Matar? Ah! Eu Gosto É de Caçar Passarinho!"

RIO DE JANEIRO
10 DE NOVEMBRO DE 2004

No corredor escuro, de poucas luzes, embutidas na parede, passos se sucedem. Lentamente, muito lentamente. Quase se arrastam sobre a superfície suja de um longo tapete escuro antigo.

Descalços, os pés estão inchados e feridos. Sangram.

Ouvem-se vozes e sons difusos. Ao longe. Depois, mais perto. No compasso dos pés que se arrastam em direção a uma porta de madeira, revestida de couro.

Do outro lado, alguém grita:

— Orlando! Orlando Sem Nome! Orlando Sabino!

A porta se escancara. O prisioneiro hesita entre a escuridão do corredor e a luz do palco à sua frente. Pára.

O cenário lembra um tribunal. Um teatro de arena interativo. Atores e público, quase um corpo de jurados.

Aqui está sendo levada, por estudantes de teatro, a história de Orlando, em cenas livres, seguidas de discussões e debates sobre todo o fundo de cena, as circunstâncias e as características conhecidas que a envolvem.

Quem é Orlando? O que ele e sua história representam de fato no cenário do Brasil contemporâneo?

Quais as razões que levam um ser humano a ser usado e tratado com tamanha indignidade? Esquecido, abandonado, humilhado. Vivo e morto ao mesmo tempo. Inocente e preso. Trancafiado, quase sem memória, num manicômio durante mais de 30 anos. Ou assassinado e queimado, jogado numa vala qualquer?

270 CARLOS ALBERTO LUPPI

Em nome de qual face do país agem as sombras? Em nome de quem e de quê elas atuam e persistem?

Suspenso no meio do palco de um teatro lotado, um telão de cem polegadas exibe cenas da história do Monstro que "aterrorizou" Minas e o país.

Lances de sua captura à beira do rio Tejuco, cenas de violência a que fora submetido. E seu confinamento no topo do Morro da Forca, em Barbacena, a cidade das rosas de Minas Gerais, "ONDE ELE SE ENCONTRA ATÉ HOJE, AOS 61 ANOS DE IDADE, TOTALMENTE SEM MEMÓRIA", de acordo com o texto que aparece na tela. A seqüência fina tem como título: "ORLANDO SEM NOME, O DOSSIÊ DA MALDADE."

Agora, às 21 horas, no palco escuro, apenas uma luz segue a entrada na arena do prisioneiro. Um foco branco, lúcido.

Hesitando, ele deixa o corredor e entra em cena. Se arrasta, assustado, sob o olhar atento de uma platéia bastante jovem.

Está de pé, quase cambaleando na arena cercada de gente. Como em Uberaba nos idos de 1972, na quadra de basquete do Batalhão da Polícia Militar.

— Orlando, você não matou de fato todas essas pessoas, o casal de idosos e os bezerros?

— Não matei, não senhor!

— Você não matou ninguém?

— Não... Não matei não.

— Orlando, você está sendo acusado de mais de 17 crimes violentos. Você sabe o que é matar?

— Ah. Eu gosto é de caçar passarinho....

"Não Morreu? Você Tem Certeza?
Quem Está Lá É o Mesmo Orlando
de Quem Estamos Falando?"

RODOVIA 267
REGIÃO DO MATUTU — MINAS GERAIS
11 DE DEZEMBRO DE 2004
22h

As luzes frias dominam o salão do restaurante de beira de estrada.

Funcionários atenciosos preparam um churrasco. Um cheiro gostoso de carne de paca se mistura ao odor de perfume de quatro moças que entram.

Na mesa do canto, um senhor de 75 anos.

Cabelos ralos, camisa de mangas curtas, amarela. Calça jeans, tênis preto, rosto enrugado. Calmo, olhos baixos. Bem diferente do delegado arrogante de 34 anos atrás.

À sua frente, uma mulher de 36 anos.

Seu nome é Beatriz. O pai, Paulo Antônio, fora assassinado em agosto de 1981 à beira do aeroporto de Congonhas, São Paulo, tentando descobrir o paradeiro da mulher Sheila e da filha Beatriz, nesta época com 13 anos de idade.

A mãe, Sheila, se tornara amante do coronel ainda em 1971. Beatriz tivera que conviver com isso desde os 3 anos de idade. Nunca mais viu o pai. Esquecera-o completamente. Acompanhara a mãe em todas as suas andanças pelo interior de Minas, por bordéis e casas diversas, a serviço da polícia.

Beatriz se separou da mãe em 1990. Resolveu se empregar num *shopping* em Goiânia. E decidiu buscar a verdade, ao tomar conhecimento da morte do pai em circunstâncias misteriosas. Formou-se em Fotografia e Artes Visuais e foi à procura da história do pai. Obsessivamente. Dia e noite. Até que, um dia, as histórias de Orlando, de seu pai e do coronel se cruzaram. E de sua mãe, Sheila, também.

274 CARLOS ALBERTO LUPPI

Em janeiro de 2003, soube que sua mãe morrera, também em circunstâncias suspeitas, na fronteira de Goiás.

Diante do delegado, Beatriz se cala. Contém o choro das lembranças. Entre os dois, uma cerveja gelada que o garçom acaba de trazer.

Começa a chover. A luz se apaga. Logo, a claridade retorna.

— As circunstâncias eram diferentes. A gente tinha que fazer o que mandavam.

— Meu pai foi assassinado?

— Foi.

— E minha mãe?

— Falou o que não devia. Foi acidente.

— Provocado?

— O que você acha?

— Não acho nada, quero saber a verdade.

— Um louco a matou.

— E o corpo?

— Está enterrado no cemitério de Coromandel.

— E a história de Orlando, por que vocês fizeram isso com ele? Foi uma farsa?

— Um bode expiatório para resolver o problema... Foi idéia do coronel. E você sabe de que coronel estou falando...

— Não era melhor tê-lo matado à beira do rio?

— Eu pensava assim. Fui convencido de que não. A história do louco era a melhor solução. A população, ao vê-lo morto, não ia acreditar. Vivo, acreditaram.

— Você sabe que ele está no manicômio até hoje?

— Não morreu? Você tem certeza de que quem está lá é o mesmo Orlando de que estamos falando?

— Ele não tem a segunda e a terceira falanges do indicador esquerdo...

— Tem certeza? Absoluta? Você o viu?

— Eu sei.

— Foi uma operação antiguerrilha?

— Foi.

— Vocês pegaram quem vocês queriam?

— Pegamos. E evitamos também a transformação do Brasil numa nova Cuba.

— Em nome de quem?

— Em nome do Brasil.

— Quem matou todas aquelas pessoas, afinal? Orlando não foi, com certeza absoluta.

— Não... ele não! Um pobre coitado!

— Quem? Quem foi afinal?

— Ao mesmo tempo que existe a luz, existe a sombra. Foi o lado sombra de todos nós. A nossa escuridão fundamental. Mas foi por uma causa justa.

— Como assim?

— Existia um objetivo claro num momento crucial do país. O Araguaia precisava ser dominado. O pessoal não podia fugir de lá. E, ao mesmo tempo, a região do Triângulo não podia se transformar em novo foco de guerrilha, repleta de estrangeiros. Nós agimos para salvar o país.

— Precisaram usar o lado sombra... Uma organização secreta...

— É simples, a explicação é simples. Te pedem pra fazer uma coisa, você vai dizer que não faz? Nossa responsabilidade era total com os destinos do país, com o futuro das pessoas... Orlando ajudou a salvar o país... Bem, essa é minha opinião, é claro...

— Você me dá uma declaração por escrito?

— Não.

— Posso te fotografar?

— Não. Eu combinei que não.

— Você acha mesmo que não estamos falando do mesmo Orlando?

— Não.

— Tem certeza?

(Silêncio).
— Tem certeza?
(Silêncio).
— Se não é ele, onde está o "seu" Orlando?
(Silêncio)

"Agora, João, É a Sua Vez de Entrar em Ação e Terminar Esse Serviço..."

BRASÍLIA
RESIDÊNCIA DE JOSÉ GERMANO FLORES
8 DE JANEIRO DE 2005
22h

O tempo seco convida a um banho de piscina na mansão de Germano Flores e sua mulher, Luísa.

Dentro de uma hora, alguns políticos, empresários e personalidades da íntima convivência do casal vão chegar para uma habitual sessão de cinema no *home theater* da casa. Um hábito semanal cercado de bate-papo, muitos drinques e comidinhas e comentários infindáveis sobre a vida alheia.

As luzes da varanda estão todas acesas. Na piscina, após vigorosas braçadas, Luísa pára para respirar. Linda como sempre, sexual. Os olhos brilham, a boca se entreabre. Num salto está de pé, saindo da piscina. Calmamente, tira a parte de cima do biquíni, passa um creme e se envolve num roupão. Balança a cabeça, passa um pente sobre os cabelos longos.

Na mesa da varanda em frente, um serviço de bar está à sua disposição. E de um de seus amigos mais queridos.

Luísa chega, serve-se de vodca pura com muito gelo com um toque de urucum entre os cubos. Respira profundamente antes de pegar o jornal enrolado sobre a mesa. Uma notícia ao pé da primeira página lhe chama a atenção: "Fotógrafa encontra corpo da mãe após dois anos de busca." Lê:

"A fotógrafa Beatriz Antônio Gomes nunca se conformou com a morte da mãe Sheila em circunstâncias misteriosas ocorrida na região de Coromandel, em janeiro de 2003.

Desde então, tornou-se uma obsessão descobrir a causa da morte e o local onde o corpo se encontrava.

280 Carlos Alberto Luppi

Sua busca não foi em vão. Depois de enfrentar muitos obstáculos, ouvir dezenas de pessoas e percorrer os estados de Minas, Goiás, Rio, São Paulo e Tocantins, numa jornada que durou quase dois anos, ela obteve sucesso.

Os restos mortais de sua mãe Sheila foram encontrados numa cova rasa do cemitério local, sem qualquer identificação. Ela havia sido enterrada como indigente, após ser atropelada e receber três tiros no peito, na cabeça e na altura das axilas. O crime nunca foi esclarecido."

Luísa não esboça a menor reação. Dá um sorriso. Degusta a vodca. Dobra o jornal e o joga na mesa. Depois dá uma leve corrida e se joga na piscina.

À mesa, o amigo de Luísa pega o jornal. Não se vê seu rosto. Apenas uma página.

Não se passam cinco minutos. Luísa está de volta, agora enrolada numa toalha branca.

Em pé, em frente à mesa e ao amigo, vê quando ele tira o jornal do rosto.

É João Pedro Dominguez, o psicopata que havia assassinado a passadeira, preso no Manicômio de Barbacena até alguns meses antes.

Fora solto no final de 2004 por medida especial.

Agora estava novamente em Brasília, convivendo alegremente nas rodas sofisticadas da capital, sob a proteção de Luísa.

João olha a amiga em pé parada diante dele.

Ela toma o jornal de sua mão. Dobra na primeira página. Lê o título em voz alta:

"FOTÓGRAFA ENCONTRA CORPO DA MÃE APÓS DOIS ANOS DE BUSCA."

Olha firmemente João Pedro. Joga o jornal sobre a mesa.

— Agora, João, é a sua vez de entrar em ação e terminar este serviço...

A campainha da mansão toca insistentemente. Os convidados da sessão de cinema estão chegando. Em cartaz, no cineminha particular de Luísa, uma história romântica: *Closer (Perto demais)*.

Vultos de Encontro ao Vento
no Mistério da Estrada do Silêncio

Na estrada do silêncio
há dez curvas,
dezessete retas,
sete cachoeiras,
mais de quinhentas grotas geladas,
árvores aos montes,
entradas diversas,
caminhos escuros,
trilhas claras,
estreitas e largas.
Estrada estranha,
altitude seiscentos metros,
encravada na montanha
principal da Serra das Rolinhas.
Sob as luzes interiores
da saudade, a estrada do silêncio parece
triste e só.
Sessenta e sete cruzes
interligadas pelos sonhos,
conectadas pelo futuro
que não houve
e nem haverá.
A vontade quebrada,
após compartilhada.
O azul do céu perdido,
esvaído, sem colorido.
Quiseram o mundo.
Encontraram os tiros.
As armas que desarmaram definitivamente
as almas.

284 CARLOS ALBERTO LUPPI

Que, intrigadas, ficaram
partidas, perdidas, petrificadas
à beira da estrada.
Junto aos 67 cantos calados e sós
da oblíqua
estrada do
silêncio.
Aqui há ouro e há pó.
Poeira e solidão.
Mas não há nomes nessa
estrada sozinha, incômoda,
incólume e cruel.
Apenas aparências,
vultos indo de encontro ao vento.
Quando a noite cai e o
inverno vem, o mato
é denso e a lembrança escura.
Opaca. Quase sumida na madrugada
de muitos anos atrás.

Estranha madrugada aquela
em que o mundo parece
ter perdido o movimento.
Uma ordem, uma ameaça.
O velho João Lopes, quieto.
Escutando o que não compreendia.
Para que entender quando a força
é bruta? Ainda mais quando a
estrada é do silêncio.

— Faça o que estou mandando. Pegue o corpo, queime-o e jogue
tudo num buraco qualquer. Depois de tudo, esqueça. Senão, quem vai
pro buraco é você, e sua família também. Até a oitava geração.

DINASTIA DAS SOMBRAS **285**

O velho João Lopes,
mateiro acostumado aos ventos,
às chuvas e trovoadas, adaptado às leis da vida na mata,
ouviu em silêncio.
Depois, baixou os olhos e foi apertando o rosto
devagarzinho, pra nunca mais querer se lembrar.
Nem quando morreu,
quieto e calado
sob a luz do luar da serra.
Morreu respeitando a lei da estrada.
A lei do silêncio.

— Pode cavar. Na cruz de número 42, está um tal de Orlando sem nome. Foi queimado, e os restos foram jogados ali com um punhado de papéis e fotos. Isso foi no início de maio de 1991... Eu tinha 7 anos. Meu pai me contou. Era para enterrar fundo. E esquecer!

O som da cachoeira vem de baixo.

A pá. O facão. A pedra. O suor. A tensão.

Personagens destes próximos dez minutos de estrada.

— Onde está Orlando sem nome?

— Ele me contou que estava aqui...! Bem junto daqui. Esta cruz é dele! Meu pai me pediu pra colocar!

— É... são 15 anos!

— A cruz está marcada!

— Mas não tem ninguém aqui. Se tivesse alguma coisa, ia aparecer.

— Ué? Não tem?!! Meu pai não ia mentir! Ia?

"A Verdade, Ora, a Verdade! Você Acha Mesmo Que Alguém Vai se Interessar por ela?"

GOIÂNIA
ABRIL DE 2005

— Não há prova alguma. O que houve no Pontal do Triângulo Mineiro no início da década de 1970 foi uma das mais incríveis farsas e aberrações policiais já montadas na história recente do Brasil. O mais estranho é que essa mentira foi perpetuada e persiste até hoje.

"Uma época de caça às bruxas pelo regime militar. Muita gente se embrenhava por este mundo afora com a guerrilha do Araguaia descoberta pelo regime. A polícia achou mais fácil escolher a dedo um sujeito qualquer, um louco manso, um pobre coitado, retardado mental, e dar a ele a incrível autoria de uma série impressionante de crimes. Um absurdo total."

"Houve claros indícios, suspeitas e provas consistentes de que os crimes tenham sido verdadeiras execuções. Execuções até de caráter político-militar. Evidências diversas são notórias, mas se tornou mais fácil escolher um pseudo-assassino misterioso. Era preciso cercar a área toda para evitar que o pessoal da guerrilha, fustigado pelas forças de segurança, fugisse através do Triângulo Mineiro. Ninguém ia poder escapar."

O Dr. Arnaldo Ramos hoje é um pacato morador de Goiânia. Advogado, no início de 1972, foi escolhido como defensor de um tal Orlando Sabino, acusado pelas forças de repressão política e pela polícia militar de Minas Gerais de quase duas dezenas de crimes e assassinatos. Em 1973, aos 40 anos, ele deixou o Triângulo Mineiro, a cidade de Ituiutaba, onde morava. Foi trabalhar na AçoMinas. Anos depois, mudou-se com a família para Goiânia.

— Orlando era um indivíduo totalmente desprovido de atenção. É totalmente impossível ele ter cometido qualquer um dos crimes que lhe foram atribuídos. Um sujeito sem rumo, solto no mundo, sem ninguém a se interessar por ele, escolhido a dedo para encobrir uma farsa.

"Não há dúvida. Os crimes foram planejados, organizados, cometidos por meio de um grande esforço logístico e que, certamente, contou com a participação de diversas pessoas. Dizer que foi Orlando é totalmente ilógico, sem sentido. Os processos são peças de total nulidade.

"Na época eu tentei o impossível para encontrar algum parente seu. Vasculhei o país, solicitei à polícia de vários estados, principalmente do Paraná e de Santa Catarina, que encontrasse alguma pista de alguém da família dele. Não encontrei nada. Nunca obtive qualquer resposta aos meus pedidos.

"Foi-lhe aplicada medida de segurança por alguns anos, tamanha a pressão por sua condenação. Mas não havia qualquer prova, nada, nenhuma testemunha digna de ser levada a sério. Sua debilidade mental era gritante. Com muita pressão das autoridades e da opinião pública, a medida de segurança acabou sendo uma condenação totalmente injusta, mais para dar uma satisfação. Jogaram o sujeito num manicômio, a pretexto de protegê-lo, imagine só! Como acreditar nisso? Colocaram-no no manicômio certamente para morrer por lá, esquecido, abandonado, ninguém ia mesmo perguntar por ele nunca mais.

"Que fim levou? Morreu? Minha convicção sempre foi de que ele teria um fim qualquer no manicômio!... Já se passaram muitos anos, eu saí da região, nunca mais ouvi falar dele. Morreu?... Não morreu?!... O que você está me dizendo? Parece quase inacreditável que ainda esteja vivo. É mesmo o Orlando quem está lá no manicômio?!"

O doutor Arnaldo Ramos, aos 72 anos, é um profissional respeitado como consultor jurídico de cooperativas de crédito. Escreveu dois livros de ficção. Um deles conta histórias e lendas de Minas Gerais do início do século XX. Mora em Goiânia desde 1985 e está em plena atividade profissional.

— Eu, dentro de meus parcos limites, denunciei a farsa, mostrei a verdade, cheguei quase a brigar com os oficiais e delegados da polícia e do DOPS na época, um deles o temível delegado Thacir Menezes, e até com fazendeiros e caçadores que colaboravam com a polícia. Mas quem ia acreditar na verdade denunciada por um advogado do interior como eu? Ainda mais quando a própria população, tomada de pânico e medo, praticamente pedia todo dia pra ser induzida a conviver com a mentira, manipulada de tal forma que virou a verdade na qual todos queriam ou tinham que acreditar. A imprensa, bem, a imprensa... acreditou na farsa também...

"Acharam um sujeito inofensivo, divulgaram ser ele um monstro, criaram o monstro na imaginação popular. Pronto! Assim o país estava salvo, e todos foram dormir em paz! O louco encerrado no manicômio, a opinião pública satisfeita, os mortos enterrados, a guerrilha abafada, muita gente presa, o Pontal sem chance de se tornar um novo foco de guerrilha, todo mundo quieto.

"Uma incrível história de manipulação! A verdade? Ora, a verdade!!! Você acha realmente que alguém vai se interessar por ela?"

A Quarta Noite da Lua Cheia

JURUENA — MATO GROSSO
25 DE JUNHO

A manhã chega. Junto com ela, um barco.

É o pessoal do Santo Daime. E seus hinos em homenagem à natureza.

A cantoria dança pelo ar, desliza pelo rio e se perde de vista.

— O Daime, o Daime... protetor dos protetores...

Atordoada, Luísa sente no rosto e no corpo a força do sol da Amazônia.

Dois profundos cortes na perna direita quase a impedem de andar em direção à casa.

Encontra o caçador, caído de bruços sobre o último degrau da escada. O supercílio aberto. O sangue ainda jorra. Ele respira devagar.

CUZCO — PERU
10h15

No apartamento 701 do My Way Hotel, o *marchand* Gustavo Semper é encontrado morto pela camareira. O corpo nu, envolto em lençóis azuis.

Dois meses atrás, Semper esteve no centro de um escândalo, envolvido em denúncias de um esquema internacional de furto e falsificação de obras de arte a partir do Brasil. Escândalo que atingiu políticos, empresários, agentes da polícia, até mesmo artistas e gente do próprio mercado de galerias e antiquários. Muitas obras pertencentes ao patrimônio público e peças de igrejas e capelas históricas simplesmente desapareceram. Anos de ação silenciosa e consentida de uma quadrilha nunca investigada. Uma rede latino-americana, ramificada em diversos países e que se especializara também em usar o mercado de arte para lavagem ilegal de dinheiro.

Gustavo era uma peça fundamental para a descoberta de toda a fraude, com epicentro no Rio de Janeiro e em Buenos Aires. A rede, complexa, usava inclusive a aparente inocência de padres. Obras de arte de grande valor artístico e histórico sumiam de igrejas, trocadas por cópias cuidadosamente elaboradas por uma quadrilha de artistas falsificadores.

No meio do escândalo, personalidades diversas da música e da televisão, enganados por falsificadores que lhes vendiam, como arte original, cópias quase perfeitas de artistas plásticos e escultores famosos. Na verdade, com o escândalo, abriu-se uma verdadeira caixa-preta que atingia em cheio o mundo empresarial, artístico e político brasileiro. Um submundo de armadilhas, traições, roubos e crimes.

O *marchand* saíra do Brasil como medida de autoproteção.

Nesta manhã, ele retornava sozinho de um cassino na periferia da cidade. Estivera ali em companhia do artista plástico paulista João César, o JCP. Tomara umas doses de pizco, perdera 10 mil dólares, nem se importara com isso direito, ao sentir seu coração saltando do peito e cruzar olhares com um sujeito alto, louro e forte como um raio que cai na tempestade. Depois o perdera de vista. Então JCP, ao ver o amigo quase desorientado, perdendo dinheiro até por pura distração, o aconselhara a deixar o cassino.

No hotel, ninguém ouviu e viu nada.

Gustavo chegou, arredio, intranqüilo.

Uma pista possível pode ser a câmera de vídeo instalada na entrada do apartamento.

A primeira coisa que a polícia vai checar é a imagem difusa retida pela câmera de um homem alto, barba espessa, olhar esgazeado, alourado. Quase não dá para ver direito, parece que alguma coisa foi colada no visor.

São seis horas e cinco minutos da manhã.
Ele está no apartamento 701.
Aguarda o hóspede que está para chegar.

Gustavo está morto por asfixia, talvez auto-estrangulamento.
Aparentemente não há sinal de assassinato. Há quem vai dizer que foi suicídio.

SANTO ANDRÉ
14h23

O rapaz desajeitado, óculos quase caindo da cara, cabelos esquisitos, papéis e livros nas mãos, chega apressado. Com ele, advogado representante do Ministério Público, estão três policiais. E uma ordem judicial.

A porta arrombada, o cenário quase irretocável. Fotografias de familiares nas paredes, dois diplomas de excelência técnica profissional, um óleo de São Francisco, obra de um mestre popular, duas menções honrosas em Medicina Legal.

A escrivaninha está em ordem. Muitos papéis, um computador antigo, máquina de escrever verde-água. Um bilhete manuscrito. Tudo leva a crer em suicídio.

Primeiro, a reclusão desejada das últimas 24 horas, o desespero, a depressão de quem se sente perdido, a angústia de quem não quer causar qualquer possibilidade de dano à família.

Na cadeira, madeira maciça, antiga, o legista Eduardo está morto. Sobre ele um pano azul.

298   CARLOS ALBERTO LUPPI

Ele é a décima vítima, em dois anos, de um caso que envolve um crime de um político importante. No centro da história, o pagamento de propinas e um esquema de arrecadação ilegal de dinheiro para beneficiar políticos, empresários e caixa-dois de campanhas eleitorais.

Na versão oficial da polícia, a morte se dera numa emboscada praticada por criminosos comuns numa estrada de um município vizinho. Tese muito criticada e de duvidosa sustentação, mas incansavelmente defendida por diversos setores dentro dos poderes públicos. Tanto assim que testemunhas mudavam suas versões por medo e covardia. E tudo se fazia para que as investigações corretas não prosseguissem de forma adequada.

Entre aqueles que contestavam a versão oficial da polícia, o legista Eduardo. Para ele, o crime tinha claras características de ter sido encomendado por razões diversas, inclusive políticas. Escondia um poder paralelo atuando na captação ilegal de dinheiro público.

Antes de ser assassinado na emboscada, ele havia sido torturado. Qual o motivo?

Ele escondia documentos que comprovavam a atuação da quadrilha e que poderiam incriminar políticos importantes?

Nesta tarde, o legista, enclausurado em seu escritório no centro da cidade desde o dia anterior, parece aguardar um encontro previamente marcado. Uma questão que só ele pode resolver.

Mesmo assim, ele se surpreende quando se vê obrigado a abrir a porta do escritório. À sua frente, um indivíduo alto, forte, alourado, olhos azulados, parecendo simpático.

Primeiro ele se vê obrigado a, do próprio punho, escrever um bilhete quase de despedida.

Depois, não esboça reação digna de registro quando recebe uma injeção letal no braço esquerdo.

Não há agonia. É tudo rápido, muito rápido.

Na cadeira em frente aos policiais e ao advogado parece até que o legista está dormindo.

A dez quilômetros dali, uma mulher recebe a notícia às 14 horas e 55 minutos.

Cinco minutos depois, o telefone toca na casa do legista. Uma voz e um recado curto.

O melhor é ficar em silêncio, esquecer essa história.

RIO DE JANEIRO
17h17

Hóspede de um alto funcionário do governo federal, a executiva Aline, 48 anos, diretora de novos produtos de uma importante empresa de bebidas, não se dá conta do tempo.

Passara o dia na piscina da cobertura do Alto Leblon, com vista para um deslumbrante mar azul.

Tenta descansar após meses de intensa atividade. Ameaças, pressões e imposições do mercado e fora dele.

Um certo dia, seis meses atrás, recebera uma ligação. Alguém falava de seu pai, um pacato senhor de 72 anos, residente no interior de São Paulo, de sólida fortuna. A ameaça era clara: em troca do silêncio sobre as atividades clandestinas de contrabandista de armas de seu pai ela ia para o sacrifício. E em silêncio, sem poder recorrer a quem quer que fosse.

Seu trabalho era aparentemente simples: descobrir a fórmula exata do sabor do guaraná de sua empresa, colocá-la numa caixa dos Correios e ficar calada para o resto da vida. A sua e a de sua família.

Em troca, ela ainda receberia uma conta aberta num paraíso fiscal e nela seriam depositados 2 milhões de euros.

Tudo aconteceu como o previsto.

Um mês atrás, ela recebeu a confirmação do depósito feito numa conta conjunta com um desconhecido, Hector Franco.

300 CARLOS ALBERTO LUPPI

Ontem, ao chegar ao Rio em absoluto estado de estresse e se hospedar na casa de seu amigo, pegar um uísque no bar da cobertura e começar a alongar a respiração para tentar relaxar, não lhe passou despercebida a nova campanha publicitária do "novo guaraná" da concorrente no mercado de bebidas, em *outdoors*, *busdoors*, *street media* e na televisão.

"Nova fórmula, nova embalagem, novo sabor. Você nunca experimentou um guaraná igual" — atesta a campanha.

Agora, ao cair da tarde de inverno, experimenta um certo frio no corpo de pêlos eriçados, o tempo meio parado, a sensação de vazio e tristeza. Uma reflexão dolorosa ao se achar covarde por não ter reagido a tudo aquilo. É certo que sutilmente chegara a avisar ao diretor de marketing institucional da companhia. Pediu o máximo sigilo, alegou vida em perigo, solicitou ajuda. Recebeu como resposta uma palavra e um sorriso. E um pedido sutil: tudo ficaria bem, bastava sua garantia de "rachar" com ele, meio a meio, os 2 milhões de euros.

Quieta, com o mar à sua frente, tentara mudar seu estado de espírito neste dia ensolarado. Está perturbada.

Sem noção exata do tempo, não percebe a chegada do indivíduo alto, forte, anguloso de cara, a invadir sua privacidade.

Primeiro, os cartões de crédito. Depois, as jóias, os 10 mil reais da Vuitton. Em seguida, o biquíni rasgado. O corpo, bem cuidado.

A agonia, a solidão, o silêncio. Nenhum pedido. Nem mesmo um grito na tarde do Leblon, um dos melhores locais para se morar e viver do país.

A executiva Aline vai ficar as próximas 48 horas aqui na cobertura.

Quatro hematomas profundos no rosto, face desfigurada por ácido, uma toalha azul jogada sobre o corpo parcialmente coberto por uma blusa branca.

O alto funcionário do governo federal, seu amigo, dono do apartamento, vai encontrá-la com toda a certeza.

Causa principal da morte: asfixia por estrangulamento.

DINASTIA DAS SOMBRAS 301

O dinheiro da conta no paraíso fiscal já foi sacado. Desde ontem, sexta-feira.

JURUENA — MATO GROSSO
23h42

O rio e a floresta. Só.
O barco pipoca o motor. Lentamente vasculha os cantos da noite.
É a quarta noite da lua cheia. O céu no fundo do rio.
A fantasia. O que é isso? A realidade, até onde chega?
Em que ponto da vida elas se encontram para embaralhar as mentes, ofuscar os objetivos, cegar as evidências e esconder os mistérios?
O hidroavião de Luísa já partiu junto com a orquestra sinfônica de cores, sons e imagens do final de tarde. Ficaram aquelas incursões noturnas, aquelas mortes de caboclos na calada de muitas e muitas noites, os bezerros decepados, o casal de velhos, as aventuras a serviço de um comando maior, a voz dos desesperados e ameaçados, o medo das sombras, a luz do mar do Leblon, os esgotos a céu aberto de Santo André, os filhos aflitos da solidão, os fantasmas da esperança. O olhar em pânico de Orlando. Orlando Sem Nome.
Todos eles ficaram e convivem entre si.
Uma espécie de crédito indigesto às mentiras da manipulação, transformadas em verdade, culpas enterradas bem lá no fundo, farsas que prevalecem a qualquer preço e até se transformam em histórias, em lendas a mexer com o imaginário coletivo.
Sim, em que encruzilhada do mundo tudo isso se mistura para exigir uma resposta, ou para se dobrar ao conveniente silêncio?
— Nada, nem ninguém, tem limites, e todas as possibilidades estão permanentemente abertas. Deixe-se levar pela farsa, mas não se deixe

302 Carlos Alberto Luppi

corromper pela culpa. Vire louco e mesmo assim você nunca chegará a ultrapassar os limites da liberdade, da sua liberdade.

"Eu sei que eu posso tudo, contraditório e irrazoável, coração de ouro, doido varrido do mapa da decência — qual decência? — construtor de verdades para o povo, um artista da manipulação aceito, consentido por todos, endeusado nos bastidores, capaz de estar em vários lugares ao mesmo tempo, totalmente ilimitado. Missionário de uma verdade única. Um deus amazônico da justiça perdida. A minha justiça. A Justiça que só eu entendo, só eu faço."

No centro do rio, de pé no barco, rodopiando aos quatro cantos, braços abertos, olhos voltados para o que resta da lua cheia, refletida nas águas, nesta quarta semana de junho, envolto pela mata, o caçador.

Luísa foi embora à tardinha sem muitas despedidas. O hidroavião sobrevoando a selva e o rio. Ele pega o barco e busca refúgio nas águas do Juruena. E nos goles de jagube triturado com urucum.

Vai ficar aqui, assim, impetuoso, como um mago, no domínio do mundo e seus personagens. Pode fazer o que quiser com eles, o que bem entender. Até tocar fogo na floresta, na mata inteira, inundar as cidades de mentiras e se jactar de que tem o poder nas mãos. E de que nada lhe poderá acontecer.

Agora, aqui, tomado pelo estado de miração, ele é uma sombra, uma escuridão, diluída pelo vácuo, quase encoberta pela névoa. Será que existe mesmo?

— Juro pela minha honra defender a pátria e todos os valores do povo. Juro preservar a fé nas instituições, acima de qualquer coisa. Juro pelos meus pais estar em todos os lugares onde for necessário para defender nossos ideais. Juro pelos meus códigos mentais, meus códigos pessoais. Juro pela minha ética, pelos meus poderes, pela minha maneira de pensar e agir. Juro pelas minhas formas de promover ações em favor de uma sociedade sem manchas e sem perturbações. Juro pelas minhas crenças ser um guardião da ordem, dos deveres e obrigações para com a nação. Juro preservar os segredos. Juro pelo silêncio necessário. Juro permanecer alerta em nome da lealdade e da fidelidade. Juro pelo meu sangue, pelas minhas armas e pelos meus sonhos promover o que for necessário para sempre dar vida e voz à dinastia. O povo vai sempre ouvir o que queremos dizer. E vai sempre aceitar o que queremos falar. Juro pela Justiça que queremos ter. Juro pela liberdade que queremos dar...

Ele dança com as folhas e o vento frio da Amazônia. Inunda-se de orvalho, os respingos das águas do rio.

Arregala os olhos diante das labaredas expelidas, como vulcão, da churrasqueira de ferro. Vaga sua memória entre histórias vividas abaixo da superfície. Grita.

— Longa vida aos espíritos e a todas as dimensões e possibilidades da Quarta Noite da Lua Cheia!

"Oh! Deus de todas as luzes, aqui está seu Homem-Rei. Somente por sua voz se dá toda a iniciação, se completam os serviços de proteção do mundo, do país e dos valores da sociedade. Por você, para você coloco todos os princípios fundamentais dos ritos sagrados dos Iluminados. A vontade, a disciplina, a ordem, a coerência dos propósitos, a conscientização, a força interna, a manutenção dos segredos dos iniciados, a defesa do real sigilo como prova de nossa união.

"Eu sou uma engrenagem dos ventos da nova ordem da Quarta Noite e não pretendo que ninguém me compreenda. Aceitar a incompreensão é o meu sacrifício pelo mundo. Meu sacrifício é ser sempre uma sombra, passar despercebido. Minha vida é uma prova de sua divina predileção. Passar oculto, estar onde for necessário, não se revelar.

"Nada é mais belo, mais lúcido, mais capaz de enfrentar as forças escravizadoras e seus grilhões. Assim eu me santifico, me mortifico e me coloco no meio do mundo. E me ergo acima das trevas obscurantistas. Faço a vida despertar nas consciências em nome da Senhora da Luz que preside todos os julgamentos. O Julgamento Final será o instante supremo de criação de um sistema exclusivo de lógica para a sociedade. E o grande Arquiteto comandará a fraternidade, baseada no aperfeiçoamento moral, na obrigação da verdade, na prática da virtude e na obediência.

"A verdade e a justiça vão triunfar porque elas estão sob a nossa proteção. Oh! Deus da Luz! A fraternidade não morrerá porque sempre estará guardada a sete chaves nos templos das Ciências, da Justiça, do Trabalho, da Força, da Hierarquia e da Lógica."

A faca brilha à luz do fogo. O caçador a estende em direção à escuridão da floresta. Mais uma vez gira o corpo. Joga a faca no meio do rio. Um piar estridente vaza noite afora.

Quando a manhã chegar cercada de alucinações, talvez ele esteja de terno e gravata italiana, sapatos pretos impecáveis, cabelos engomados, calmamente sentado com diversos interlocutores, tomando um café duplamente expresso, num tradicional restaurante do centro do Rio de Janeiro. Ou na primeira fila de um seminário empresarial, em São Paulo. Na ante-sala de um gabinete qualquer. E mesmo em outro lugar, ou até em vários ao mesmo tempo, com seus olhos azulados e sem qualquer resquício de culpa, pronto para mais uma aventura.

"Aqui Não Tem Coisa de Mulherzinha Não! Baixa as Calças e Tira Tudo!"

RIO DE JANEIRO
PRESÍDIO FEMININO DE SEGURANÇA MÁXIMA
DOMINGO, 24 DE JULHO
16h

Hoje é dia de visita.

Joana, *designer*, 32 anos, nunca imaginou uma tarde assim.

A amiga detida, acusada de envolvimento com tráfico de drogas, mais até, de liderar uma quadrilha internacional, está ali, presa, em segurança máxima. Tem certeza absoluta de sua inocência. Entende, resignada, ser esta mais uma etapa da vida atribulada da amiga, fotógrafa, órfã, que um dia ousara querer, a todo custo, descobrir as reais circunstâncias da morte de seu pai e sua mãe. Fatos cobertos de mistério.

Dois meses atrás, com um mandado de prisão nas mãos, os policiais chegaram às seis horas da manhã. Saltou da cama acordada pelo interfone. A porta escancarada. O susto. O rosto molhado ainda. Acusação: chefe de uma quadrilha de traficantes com ramificação internacional. Juntou umas roupas numa maleta de viagem, apagou as luzes, depois que os policiais revistaram todo o apartamento. Fechou a porta.

Algemada, foi levada para o complexo penitenciário de Bangu, presídio feminino.

Uma denúncia, uma série de coincidências paralelas — coincidências? —, uma farsa montada para desmoralizá-la colocaram-na na prisão. Um processo em segredo de Justiça.

Uma ordem de prisão precipitada. E aqui está ela, ansiosa, aguardando pela amiga neste dia tão especial.

A Justiça mandou soltá-la. Por absoluta falta de evidência de qualquer tipo de crime.

É claro, o processo continua, vai ter que se apresentar ao juiz da trigésima terceira sempre que solicitada, apresentará testemunhas, terá de convencer as pessoas de sua inocência. Levará meses, talvez anos para que isso possa acontecer. Terá de ser paciente e acreditar em si mesma, antes de mais nada.

Joana está diante da guarda.

— Aqui não tem coisa de mulherzinha não! Baixa as calças, tira tudo!

Ela tira a blusa. Depois o jeans. Envergonhada, olha. Põe a mão sobre os seios.

A policial chega mais perto. Aquele desprezo típico cerca Joana. Com o cassetete, toca sua boca, lentamente. Depois, empurra os cabelos para os lados, os bicos dos seios, o umbigo, a calcinha de Joana.

— Afina aí, gostosa! Se não afinar, sua amiga vai enfrentar mais encrenca! Aqui é barra e juiz não manda não, tá certo? É o cão! O inferno! Vou te comer o fígado se você ficar com essa frescura! Baixa as calcinhas, vai, nega! Aproveita e relaxa!

Joana, nua, mira lugar algum. Chora, vazia, esquisita.

— Baixa aí! É hora do exame ginecológico!

A policial enfia a mão direita na vagina de Joana. Vasculha. Depois, dois dedos abrem Joana por dentro. Apalpa. Ela treme, nenhum ruído na saleta de entrada. Apalpa, aperta, depois de novo. E de novo.

— É pra ver se não carrega pó aí dentro, nem gilete camuflada! É minha obrigação! Pele de seda, cabelos dourados, você eu até levava pra casa, é tão gostosa quanto sua amiga. Ela teve que se virar aqui dentro, ficou mulherzinha bonitinha, sem chiar, ficou caladinha e se deu bem.

"Agora um troco! Tudo que tem na bolsa é meu!... Óculos de *griffe*, hein! Reloginho de madame! Tudo vai ficar aqui! E agradeça minha boa vontade! Deixa eu te ver mais uma vez bem aqui no fundo!"

De novo, o apalpe. A mão massuda a percorrer o corpo, as entranhas de Joana.

— Levanta. Gostou? Aqui tem que sentar e gozar na marra. Se abrir o bico, vamos te abrir a alma!

"Toma sua roupa, ô chiquezinha da mamãe! Se enfia nela, rápido! Deixa antes eu te apalpar mais uma vez estes peitinhos morenos! Você nunca mais vai me esquecer!"

Joana quieta, calada, ajeita os cabelos para trás.

Avança um, dois, quatro, dez metros. Recebe a permissão para sair da revista.

A amiga está logo ali, na ante-sala, frágil, olheiras, sobrancelhas caídas, esparadrapo na testa, uma coleção de curativos nos braços. Está pronta para sair da prisão.

O portão de ferro é aberto. Joana se joga nos braços da amiga. E fica assim.

Uma jornada. De silêncio.

Em dois meses de prisão, a amiga perdera 12 quilos. Fez amizades na cadeia, quase um pacto pela sobrevivência. Escapou, quase por acaso, de duas tentativas de assassinato. Estranho, parecia marcada para morrer de alguma forma! Na primeira, a comida envenenada acabou matando uma colega de prisão. Na segunda, a "Nega Tigana" tentou asfixiá-la numa briga, uma discussão boba. Foi salva por três detentas que negociaram sua intimidade.

Agora, aqui, abraçada com a amiga Joana, são poucas as suas certezas. Acostumada às dificuldades da vida, ela imagina que isso ainda não é o fim.

— Eu venci um pedaço do inferno. O da prisão, as circunstâncias que cercaram meu dia-a-dia aqui dentro. Agora vou ter que vencer o segundo pedaço. O da desmoralização. Provar minha inocência. Provar a verdade é muito mais difícil. Leva tempo, mas sempre é possível e eu não vou desistir!

Beatriz Antônio e a amiga deixam o presídio para trás.

Ela chega a sorrir quando, na calçada da frente, vê uma família de gatos dourados. Eles passam correndo, saltitando até sobre as pedras soltas da rua.

Ela encosta no carro, respira, abre a porta devagar, entra. Respira novamente, agora menos ansiosa. Está cansada, exausta. Não consegue

310 CARLOS ALBERTO LUPPI

dominar a mente. Uma sensação de vazio no ar da rua nesta tarde de domingo.

Do outro lado, fora do alcance de seus olhos, um carro preto estacionado, vidros escuros, parece que não há ninguém dentro. Parece.

Atento, respiração curta, borda da narina esquerda com resíduos brancos, olhos escancarados, João Pedro observa a cena. A primeira parte de seu plano foi cumprida: tentar desmoralizar Beatriz. Agora ele vai finalizar o serviço.

O carro de Beatriz Antônio sai. Joana dirige. Pega a rua, depois a avenida.

Parece ir em direção ao sol em uma tarde qualquer de julho.

Começa a fazer frio.

Mais tarde virá a lua. A quarta noite de lua cheia.

"NADA ESTÁ ACONTECENDO.
NINGUÉM SABE DE COISA ALGUMA."

BRASÍLIA
A NOITE DOS CAÇADORES NA ÚLTIMA LUA CHEIA
DE JULHO

O DVD varia. Britney Spears, Shakira, Madonna, Rolling. Cinco telas de exibição. Rebolados. Insinuação. Vinte mulheres no palco.

Engatinham, pulam. Ficam de quatro. Pernas abertas. Fios dentais de oncinha. Sorrisos. Beijos de língua. Bicos dos seios se tocando.

Um festival de amassos. Cenas de orgasmos múltiplos com uma platéia de torcedores frenéticos.

Mulheres esfregando suas vaginas nas bocas dos espectadores Louras, morenas, negras se masturbando enlouquecidas, tocadas por choques elétricos como bois na entrada das arenas de rodeio.

Gritos e urros. Gravatas para o alto. O som estremece o recinto.

É a cerimônia tradicional da quarta noite da lua cheia que se realiza durante todo o ano, simultaneamente, em quatro capitais brasileiras.

Hoje, nesta última lua cheia de julho, a noite é especial. O concurso "Mulher Fatal" já é uma tradição. Todos os olhos da seleta platéia, ao mesmo tempo espectadora e personagem, voltados para escolher uma mulher especial na arte de usar sua sexualidade para dominar e aparecer.

Uma fêmea disposta a tudo, como, por exemplo, como diz o regulamento, permanecer mais tempo em "estado de masturbação" à frente de todos, e em "estado de gozo" com o maior número de parceiros ao mesmo tempo. Quanto mais orgasmos tiver, de acordo com a medição feita por uma maquininha que mede essa freqüência especial, mais pontos acumulará e mais chances de vitória terá. Beleza, cintura, cabelos, pele, olhos, seios empinados e bocas carnudas também fazem parte dos predicados, mas a voracidade sexual, a disposição para manter-se assim

314   CARLOS ALBERTO LUPPI

durante todo o ano e a disponibilidade para freqüentar as mais variadas camas do Rio, São Paulo, Belo Horizonte, Brasília e adjacências, isso sim, é essencial.

Importante, também, é a capacidade da candidata de explodir em orgasmos e chefiar um séqüito de autênticos masoquistas dispostos a todos os tipos de loucuras.

Elas vão aparecer na mídia, ganhar dinheiro, e ainda levarão como prêmio terrenos, carros, jóias, viagens, *open door* em diversas festas, jogos de futebol, hotéis e similares, presenças previamente confirmadas em solenidades e acesso direto a gabinetes e escritórios do mais alto escalão e importância. Não, isso não é um achincalhe. É a jornada que segue calorenta e modorrenta. Vida suada das cenas político-empresariais-sexuais-financeiras das grandes capitais.

Vendendo favores. Absorvendo segredos de Estado. Espionando empresas e empresários. Manipuladoras sexuais premiadas pelo seu desempenho. Adeptas, como quase toda a distinta platéia presente, do *bondage*, *domination*, *submission and masochism* — BDSM — nos salões à meia luz, entre correntes e cordas, facas, estiletes e velas, castiçais dourados, sons estranhos de gozos desvairados.

Urros e gritos. A dor e o prazer ao mesmo tempo. Cera quente sobre a pele de pêlos alvoroçados. Batons que se descolorem. Couro e chicote, aquelas pontas metalizadas que fazem sangrar esfregadas nos clitóris a céu aberto. Mordaças, vendas nos olhos, totalmente nuas.

A caverna clandestina estremece quando uma penca de 15 escravos e escravas aparecem acorrentados, focinheiras na cara, enforcadores no pescoço, neste *show* especial. Uma lâmina quente de uma espada chinesa deslizando sobre as costas. Depois, os choques elétricos. Eles estão de quatro, em cena aberta, forçados a comer em pequenas panelas de metal como cachorros. Ou engolir estrume, de vaca ou humano. Cuspidos, ofendidos, humilhados pela platéia.

Estendem-se e arrastam-se pelo chão forrado por tapetes azuis. Pisoteados, homens e mulheres, nus da cintura para baixo, calçados com

DINASTIA DAS SOMBRAS   315

botas e saltos variados que estimulam suas partes íntimas. Um espetáculo frenético, patético.

Todos ali conhecem *Os cento e vinte dias de Sodoma* e *Vênus das peles*, lidos com natural sofreguidão e interesse. Aliás, é condição essencial para estarem ali, portadores de uma carteirinha secreta com as iniciais BDSM, sentir-se dominadores e submissos ao mesmo tempo, provocar e sentir dor por prazer. Por prazer?

Prazer, dor, humilhação consentida, aceitos numa série de itens de um regulamento seguido à risca, de comum acordo. Todos com sua senha de segurança. Em caso extremo de dor absolutamente fora dos limites, a senha é gritada. Raramente acontece e todos aqui, mulheres e homens, querem sempre mais nestas noites da capital.

A maioria dos que aqui estão se conhece e se encontra fora da cena do concurso. Visitam-se, divertem-se, falam abertamente nos corredores e gabinetes públicos, nas academias, festas e nas escolas dos filhos, sobre açoites e chicotes, sangramentos, máscaras, correntes e clitóris e pênis levemente machucados. É assim essa vida na capital.

Agora, aqui, entre tapas nas bundas, o roça-roça de peitos, rastejam, imitam animais variados, porcos, cachorros, gatos, uns montando nos outros como cavalos e éguas, comendo em tigelas imundas, machos, fêmeas, sexualidades diversas numa noite usual. Beliscões, apertos, arranhões, eletroestimuladores, os Trans Electric Nerve Stimulator — Tens — nos ânus e vaginas. A sensação de entorpecimento, o choque nos mamilos, nas coxas internas. Mais dor, mais gritos, mais sensações. Depois, os pregadores colocados sobre peitos e mamas ligados à corrente elétrica. Já, já, um orgasmo geral.

Alguns querem mais e mais. Os esportes variados misturados a urina, fezes e a vômitos entram em cena nesta quarta noite da lua cheia.

Primeiro, a chuva dourada de louras urinando sobre morenas banhadas de leite em pó com perfumes variados. Lambuzam-se e lambem-se. Nesta noite, entre homens que se masturbam, experimenta-se um raro perfume importado da Finlândia, com odor de sêmen masculino e mulheres no cio, elaborado por um químico louco que, ao ler *O Perfu-me* nunca mais tirou da cabeça a idéia de realizá-lo. Mais uma invenção à venda de boca em boca, no dia-a-dia da capital.

A excitação parece incontrolável.

Cordas, correntes, velas, gelo, chicote, chibata, arreios, palmatórias, vendas, enforcadores e restritores. A vida que segue com homens e mulheres andando de quatro, jogando-se ao chão, como cachorros encoleirados, torturados nos mamilos e nos genitais.

Uma estranha sensação, uma cumplicidade atrás das máscaras, sem medo e qualquer pudor. Afinal, quem vai ser o louco de contar as histórias?

O que se vê é puro jogo sexual, violento e arriscado. Mulheres e homens em estado de choque, uivando pela noite adentro. Nós e nossos nós, nus. Vós e vossas vozes, vorazes.

Agora, o silêncio repentino. O último grito se perde no palco escuro, à tênue luz. Antes da escolha final da "Mulher Fatal" da capital federal, a "Senhora das Noites Ardentes" entra em cena.

Sons, luzes, a caverna estremece. Escravos e submissos, mestres dominadores, muitos rostos mascarados, mas conhecidos do mundo do *show*, da política, dos meios sociais e empresariais, até rostos de personalidades do cenário religioso, estão ali a segui-la.

Nus da cintura para baixo. Quietos, surdos e mudos. E principalmente cegos.

Nada se vê ali, agora, quando a "Senhora" aparece, sob intenso *show* pirotécnico. É o BDSM em sua mais alta voltagem prática. Depois, é a votação da "fatal". A escolha final.

Um instante de vácuo, espera e solidão. Angústia mesmo, neste reino ocasional, mas usual, uma sagrada vez por mês, oficial, mas que acontece também em ocasiões esparsas de comemorações diversas e concursos repentinos.

Todos se encontram nas sombras e nos escaninhos da cidade, onde o silêncio é essencial. É assim que deve ser, é assim que é.

DINASTIA DAS SOMBRAS **317**

De terno e gravata, jeans, saias chiques, sapatos de cromo alemão e bolsas da moda, todos se vêem quase todos os dias. Nada está acontecendo, ninguém sabe de coisa alguma neste território quase encantado da "Senhora".

Talvez, quem sabe, muito antes pelo contrário, ora direis ouvir estrelas, o que é, o que é, nada sei, só ouvi, vi, mas não entendi... como é mesmo? Não tenho a menor idéia...

Sexual e dominadora, exalando tesão, endeusada por um séquito de caçadores mascarados que sempre vão estar em vários lugares ao mesmo tempo, sob seu comando, lá vai Luísa deslizando em cena aberta na caverna da capital.

Uma hora depois ela estará, inocente, cabelos soltos, mastigando um chiclete holandês, sem qualquer vestígio de máscara, voando em seu helicóptero pela iluminada noite de Brasília.

Um ar de desprezo sobre o Congresso, um olhar torto sobre o Palácio do Planalto, um leve sorriso sobre a Catedral e um bocejar de certo cansaço sobre o Supremo.

Amanhã será, de fato, outro dia. A Quarta Noite da última lua cheia de julho de Brasília terá se dissipado na aurora que sempre vem depois de cada noite.

— Vamos ouvir um som?

— Tomar um uísque 12 anos?

— Beijar nossas mulheres todas as noites?

— Buscar o filho na escola?

— Jantar à luz de velas?

— Torcer pelo seu time de coração?

— Passear em Paris?

— Vamos falar para o povo?

Todos vão agora se encontrar nos caminhos entre a luz e as sombras. Uma espécie de encruzilhada, no meio das pessoas anônimas, rezando pelo santo de estimação, devotos das seitas da natureza, das Ordens estranhas, marcados pelos cânones e pela certeza de que tudo o que fa-

zem é de acordo com os ritos de **proteção da sociedade e exaltação dos**
seus preceitos mais fiéis.

Aqui e ali, manipuladores e manipulados. Caçadores e caçados. O
importante, para eles é ser parte essencial da engrenagem, estar em
pontos estratégicos da sociedade, parecer uma espécie de santos do co-
tidiano, à luz do sol. Nas sombras, cada um é o que é.

**"O CHORO DO MUNDO.
HOJE ELE ESTÁ TODO AQUI."**

BARBACENA
MANICÔMIO JUDICIÁRIO
24 DE JULHO

Começou de mansinho, quase sem perceber.

Na hora do *Fantástico*.

O guarda penitenciário, já meio sonolento, ouve o que parece um leve gemido pelo corredor principal afora, uma vela acesa num canto. Não dá importância. Gemido? Choro? Rangido? Soluço?

São dez da noite. A tevê da cela principal da ala de isolamento está desligada desde que João Pedro saiu do manicômio e foi para Brasília pelas mãos de Luísa. Agora é este silêncio quebrado por uma espécie de tristeza e calafrio. Até o guarda se perturba, inquieto na cadeira. Despista, põe o jornal na cara, acende um cigarro. Baixa o jornal, vasculha a noite em frente. Ouve atentamente, firma os ouvidos com as mãos.

De novo o choro, agora mais forte. Mais e mais e mais.

As luzes se acendem, o manicômio do Morro da Forca se agita. As grades balançam e tremem. Sons, sussurros, uivos. Do lado de fora, um vento expõe os medos. Dentro, os presos acordam. Gritam, batem nas grades das celas. Barulho total, o manicômio inteiro reage a seu destino. Conduzido por um choro avassalador.

Os guardas externos correm em socorro ao colega de plantão no corredor central. Pedem silêncio. Jogam latas de água gelada nos detentos. Alguns reagem enfurecidos, mordendo as grades, se jogando de peito nas portas e trancas.

O choro não pára. Ao contrário.

— Nunca vi nada igual!

322 CARLOS ALBERTO LUPPI

— Orlando, Orlando. O que deu em você, Orlando? Orlando, Orlando! — grita um deles.

O agente penitenciário de plantão saca uma arma, escondida no bolso do jaquetão. Coloca na testa do preso, que chora.

Trinta e quatro anos de silêncio, quebrados assim, sem mais nem menos nesta noite.

Orlando apenas chora. O guarda olha. Emudece. Observa. Pára.

Recolhe a arma. Uma espécie de compaixão inquieta.

O manicômio inteiro chora. Alto, forte, sem fim.

Orlando continua chorando. O guarda se enerva. Não compreende o que se passa.

Nunca de fato viu coisa igual.

Espreme os olhos. Quase não dá para acreditar.

— Quem é que está aí? — se dirige ao vazio do corredor.

— Orlando, Orlando?

Os vultos se sucedem. Estão no corredor. Saltam por entre as celas. Desatinados. No isolamento, a tevê aparece ligada. Os gols da rodada. O jornal da sala dos agentes voa, varrido pelo vento. Os vultos nas janelas, pendurados, rindo e chorando ao mesmo tempo. Grudados nos basculantes. Eles também estão ali parados à frente da guarda, olhos abertos.

O agente, de fato, nunca viu coisa igual. O manicômio inteiro chora.

Mas quem são estes vultos que passam? Todos do mesmo tipo.

Todos, como se fossem um único Orlando. Velho, preto, desdentado, desmemoriado, sem nome.

Choram. E riem. Fazem caretas. Crianças e monstros.

— Em dois lugares ao mesmo tempo?

Orlando grita e chora. Chega e desaparece. Está aqui e ali. E lá também.

Sempre chorando, chorando, chorando. E mais e mais. O Morro da Forca todo chora com ele.

— O choro do mundo! Hoje ele está todo aqui!

— Talvez isso não seja nada... se não fosse toda esta energia desse vácuo absoluto! Quando isso vai acabar?... Parece que não vai acabar nunca!

— Cheiro estranho... Noite maluca... Nunca vi nada igual... Esta força descomunal que paira no ar. Vem de algum lugar! Vai fazer estremecer isso aqui! Vai mudar isto tudo...!

À frente do manicômio, os reflexos das luzes sobre as pedras centenárias começam a desaparecer.

A noite começa a preparar a chegada da lua.

Os vultos que sobem a ladeira, como uma procissão de fantasmas sobre o Morro da Forca, não têm nada a ver com o insuportável cheiro de gás que toma conta do ar.

"O CAÇADOR É UMA LENDA. LENDA VIVA. MAS ele É ÓTIMO em CIÊNCIAS OCULTAS."

SERRA DA CAPIVARA — PIAUÍ
NOVEMBRO DE 2005

O sítio Toca da Entrada do Baixão da Vaca, no Piauí, é uma das mais representativas unidades artísticas da pré-história brasileira. A tradição aqui, denominada agreste, tem origem, estimada por especialistas em pinturas rupestres, de 9 mil anos.

As figuras gravadas nas rochas representam, geralmente, homens gigantes, altos, fortes, em figuras mais estáticas. Movimentos, quando existem na representação artística, destacam as pinturas de caçadas. Uma arte menos rebuscada, que, em território brasileiro, surgiu, provavelmente, na margem pernambucana do rio São Francisco. Uma linha de pintura que desapareceu há 2 mil anos. Pesquisadores sérios e famosos, baseados em datações feitas com métodos do carbono 14 e termoluminescência, acham até que essas pinturas de caçadores e caçadas datam de 48 mil anos atrás. Isto significa dizer que o homem chegou à América muito antes do que se pensa, uma afronta aos pesquisadores americanos que afirmam ter o ser humano chegado à região 12 mil anos atrás.

De qualquer forma, parece que o homem chegou à América com uma história que se sucede desde então, movida a uma severa tradição, não apenas artística, mas também baseada em rituais rígidos. E uma filosofia preceitual complexa.

Os caçadores do Baixão da Vaca são mascarados e estranhos. Aqui, bem no interior do Parque Nacional da Serra da Capivara, local conhecido em todo o mundo como um fantástico acervo da pré-história, eles compõem um autêntico exército de milhares de figuras humanas registradas nas rochas.

328 CARLOS ALBERTO LUPPI

Em 17 de junho de 1929, o pesquisador de origem romena Alex D. M. Tiurenc descobriu que as figuras dos gigantes caçadores, semelhantes a expressões humanas rupestres em grutas francesas e do Oriente, escondem muito mais do que um espetáculo da arte mundial, ainda não totalmente conhecido.

Vasculhou textos, ouviu depoimentos, comparou informações, confirmou dados diversos, contrapôs histórias e chegou à conclusão de que existem evidências da existência de um sistema organizacional formado por homens caçadores com regras e objetivos definidos. Eles atuam seguindo uma orientação secreta emitida pelas fases da lua.

Primeiro para os chamados Homens-Reis Incorporadores da Fé Suprema. Depois para os Cavaleiros Inspetores da Ordem Geral. Em seguida para os Príncipes Caçadores e os Caçadores da Lua.

Eles costumam agir com mais impacto e mais decisão no período da lua cheia, particularmente em seu quarto dia.

Estes impactos, além de diretamente relacionados às fases lunares, são determinados pelos estados de vida do ser humano. Um sistema complexo de escalas de valores intimamente ligado aos baixos estados que representam a chamada "escuridão fundamental" existente no ser humano totalmente distante do seu "lado luz".

Um sistema de inversão total dos mais elementares valores humanos conhecidos e que estabelece princípios e preceitos baseados na Força e no Poder. Manipulados nas sombras, por trás das máscaras. Onde o uso da força e dos instintos é sempre justificável contanto que, mesmo subjetivamente e por decisão individual, seja "por um princípio considerado maior, como, por exemplo, a proteção da sociedade e da pátria, a defesa preventiva da moral e das doutrinas, da hierarquia e da obediência cega aos chamados 'deuses da luz'."

Os mascarados caçadores formam um sistema ritualístico complexo com diversos graus hierárquicos. Consideram-se defensores do mundo e acham que sua coragem, suas descobertas e suas trajetórias históricas são a verdadeira proteção do que chamam Justiça, Ciência, Hierarquia e Lógica.

Consideram que, sem eles, os povos, as nações, a vida humana não são suficientemente representativos. E defendem uma ação constante, uma interferência permanente nos fatos da sociedade, como "forma de proteger o equilíbrio humano".

Por trás de tudo, cultos apocalípticos psicóticos e até escatológicos, inspirados numa hierarquia militar, com claro objetivo e pretexto de "resguardar e fiscalizar as democracias" e, seguindo suas próprias avaliações, "estar a serviço permanente de pessoas, mandatários, personalidades cujo objetivo de atuação é defender a grande massa da população", mesmo que isso signifique o total exercício da manipulação, "que nada mais é do que sinônimo de uma necessária proteção". Comparam este preceito à relação entre muitos seres humanos e as "forças controladoras e manipuladoras do mundo externo" que determinam uma cega obediência a quem nelas acredita. A tal ponto de enxergar o que não se vê. E principalmente acreditar no inacreditável.

Entendem o mundo como uma massa de manobra. E a vida como uma atividade de pura manipulação. Esse sistema de organização foi denominado A Quarta Noite da Lua Cheia. Sempre à espreita e de prontidão. E cada vez mais presente nos bastidores da sociedade e do poder.

RIO DE JANEIRO
NOVEMBRO DE 2005

Sentado à mesa de um restaurante no centro da cidade, cabelos engomados, alourados hoje, provavelmente escuros amanhã, o homem, atrás de um biombo, degusta seu tradicional filé, com suflê de batata-baroa, legumes e nada de beterraba, que ele odeia. E uma pitada de urucum com manjericão.

330 CARLOS ALBERTO LUPPI

Água mineral com gás, copo alto com gelo, e na sobremesa, doce de abóbora caseiro, ou, melhor ainda, goiabada com catupiry. Goiabada cascão, daquelas grossas mesmo.

Kant e Goethe, Adam Weschaupt, Blavatsky, Rousseau, Cortázar, Sun Tzu, David Hatcher, além é claro, de Platão, são seus autores preferidos. Sidney Sheldon, Dan Brown, Cronin, Conan Doyle e Skidmore uma espécie de segundo time competente. Autores, de preferência ligados às ciências ocultas e à igreja do início da era cristã, também fazem parte de sua seleção. Adora raridades, como por exemplo os livros *A doutrina secreta*, *A Ordem da Aurora Dourada*, *Les Mystères de Templiers* e *Cidades perdidas e antigos mistérios da América do Sul*.

Nunca leu Maquiavel, mas o tem no sangue, dizem alguns amigos. Detesta avião, adora cavalos. É conhecido por saber das coisas mais secretas, muito antes dos outros. Não liga tanto para o dinheiro, gosta mesmo é do poder. Persuasão pela inteligência ou persuasão pela força.

A força, costuma dizer aos íntimos, é "tão necessária ao mundo quanto a filosofia, quanto o sexo".

— Mesmo a força pode ser exercida com sutileza — deixa escapar, — Não é o que mais existe por aí? Pode reparar... Não digo energia, digo força, e força bruta. O mundo é cercado pela força da ameaça e a resposta da violência. É nisso que eu acredito. Esta é a essência do equilíbrio entre pessoas e os países — diz com um tom seco e um olhar de escracho.

Agora aqui, é um desconhecido de sapatos de couro alemão, terno Armani, gravata italiana, sorriso de poderosos dentes encapados, empertigado pelos milagres da medicina suíça, diante do mesmo garçom que o conhece há mais de três décadas. Um homem comum aos 81 anos. Ele gosta disso, desse simplismo despojado. À espreita e à espera. Com uma larga e quase inocente complacência.

Nos últimos 50 anos trabalhou como nunca. Esteve presente em muitos acontecimentos relevantes da história do país. Nunca deixou de estar em pelo menos dois lugares ao mesmo tempo. Bem como manda a tradição e suas crenças. Nunca também deixou de defender a filosofia e os dogmas das ciências ocultas, das sociedades que se manifestam nas sombras, os preceitos divinos necessários à salvação das pessoas, interagindo discussões sobre a morte, os seres iluminados e as doutrinas nascidas nos porões da humanidade.

Seu endereço certo é uma incógnita, assim como informações sobre sua identidade pessoal e fiscal. Fez história, e personalidades diversas o consideram "um homem de raríssima inteligência e percepção", especialista na arte de influenciar, seduzir, despistar, mascarar. E atuar nas sombras, nos meandros da escuridão, nas cavernas da sociedade.

O caçador nunca é caçado. Está sempre mascarado. O que não é percebido absolutamente a olho nu. Está sempre em mais de um lugar ao mesmo tempo. Não deixa sinais, nem qualquer impressão digital.

Um cavalheiro sempre impecável. Na China ou na Coréia, metido em negócios. Nos Andes, em manobras políticas e econômicas, em Buenos Aires. Na capital ou no interior de São Paulo, de Minas, Rio ou Bahia. No centro financeiro de Nova York. No Peru, no Marrocos, no Vaticano, na Síria, no Quênia. No meio da Amazônia. Nos confins do Alto Solimões. Nas fronteiras do mundo. Olhe bem do seu lado. Ele é capaz de estar aí...

Em qualquer lugar. Onde se faça necessário.

— Homem algum pode se deter diante de alguma coisa. Tudo é Força e Poder. E, naturalmente, manipulação! O que será mais poderoso do que o exercício da capacidade de manipular? Este é o verdadeiro poder do ser humano.

É assim que ele pensa, ruminando o almoço, olhando o horizonte através da parede espessa.

Depois, coloca uma nota de 50 reais no bolso do garçom. Despedese com um discreto sorriso. Brinca:

— Você me viu aqui?... Certamente que você não me vê há tempos!!!...

E sai como uma sombra, atravessando a porta.

Bem como manda a tradição dos caçadores mascarados da Toca da Entrada do Baixão da Vaca.

Por falar nisso, hoje é a quarta noite da lua cheia.

Capítulo Um

"Uma Boa História É Aquela Capaz de Promover a Luz Sobre as Sombras."

RIO DE JANEIRO
DEZEMBRO DE 2005

Eu não tenho secretária eletrônica, vivo confundindo a senha da caixa postal. *E-mail* só muito recentemente.

Por isso, não estranhei quando, na noite do dia 8, antes de chegar em casa, meu celular tocou.

Ao atendê-lo, após 10 segundos de silêncio, uma voz de mulher me perguntou à queima-roupa:

— Você ainda está no jornalismo? Ainda é repórter?

As perguntas quase me paralisaram. De susto. Quem poderia estar me perguntando isso?! Meus amigos e conhecidos, mesmo os antigos, no bom sentido, companheiros de redação, sabem que já há algum tempo não venho exercendo a profissão de repórter. Mas quem me conhece sabe que eu nunca deixei de sê-lo integralmente, de coração e na mente. E sabem que, exercendo qualquer profissão, jamais deixarei escapar uma boa história.

Principalmente se ela significa restaurar a justiça, desvendar a verdade e promover o humanismo. E, não custa dizer, a vida sempre supera a melhor das ficções. Boa história é aquela capaz de instigar e revelar mistérios, segredos, verdades manipuladas, principalmente aquelas divulgadas para encobrir fatos e situações e proteger a injustiça. Uma boa história é aquela que seja capaz de trazer à luz, trazer à superfície a verdade. Promover a luz sobre as sombras. Para que prevaleça o avanço da criatividade, da reflexão, da ação que transforma e gera dignidade.

Por isso, o rápido susto deu lugar à resposta:

— Nunca vou deixar de ser repórter, isso é um fato.

Do outro lado da linha, a encantadora voz feminina:

336 Carlos Alberto Luppi

— Você terá uma das melhores reportagens da sua vida. Terá, não, tem!

— Como?

— Como faço pra te colocar diante dela?

— Podemos combinar...

— Eu não estou no Rio... Estou indo ao Rio nas próximas 72 horas, de passagem. O avião vai fazer uma escala no Galeão. Vou deixar um pacote lacrado com uma fita vermelha no guarda-volumes nº 23 para você. Às 12h do dia 12, você vai lá e pega. No dia 11, às 15h, vá até um orelhão existente dentro do Shopping da Gávea, quase em frente a uma pizzaria, no primeiro piso. Uma mulher vai passar e perguntar as horas. Você vai responder normalmente. Em troca, ela vai entregar um envelope com a chave do nº 23 do guarda-volumes do Galeão. Abra o pacote e veja. Acho que não vai se arrepender de não ter batido o telefone na minha cara. E não fique nervoso, nem inseguro. Mire a verdade e aja. Não vou enganá-lo...

— Mas... Esse negócio de deixar pacote secreto... Não está meio fora de moda?

— Faça com a história o que considerar melhor, se achar que valha a pena, por tudo aquilo que você pensa e é. Concentre-se na história central, aquela que a gente costuma chamar de pano de fundo...

— Não será melhor eu... conhecer você, falar olho no olho?

— Estamos vivendo um tempo obscuro, numa sociedade em que as pessoas más sempre se juntam para achincalhar a vida humana, e as pessoas do bem se dispersam e acabam aceitando os fatos como normais. Não podemos mudar isso algum dia? Estamos sendo cada vez mais monitorados e manipulados. Mas as forças positivas vão ter que prevalecer. Está na hora de a energia positiva se fortificar. A retórica do mal não vai vingar.

— Não podemos nos encontrar de alguma forma? Não será possível...

— Muito mais do que vai contar, a história será capaz de motivar as pessoas a, de alguma forma, indignar-se contra a injustiça, a arrancar de dentro de si a força positiva que cada um tem para provocar uma mudança substancial no mundo em que vivemos, em qualquer lugar que nos encontremos. Pode parecer pouco, mas só a energia de cada um, somada à energia do outro, será capaz de destruir a passividade e promover, olho no olho, uma espécie de revolução silenciosa por um mundo mais humano.

— Mas você está...

— Vou ter que desligar. Temos que nos unir e fazer pela vida tudo aquilo que a gente quer que ela faça pela gente. Criar uma rede humanística pela verdade, pela justiça e pelo coração. Depois que você ler a história, vai ver que "loucos" somos todos nós... Todos nós que aceitamos a manipulação. Todos nós que não promovemos uma reação positiva. Todos nós que nos deixamos vencer pelo peso dos obstáculos e da prepotência. Todos nós que não acreditamos que temos dentro de nós mesmos, a máxima força e energia capaz de derrotar a violência, promover a justiça e fazer a vida vencer. Todos nós que nos calamos, com medo até de nós mesmos, no vazio do silêncio.

— Você está falando exatamente o que eu... pen...

Telefone desligado...

Tentei restabelecer a ligação pelo número registrado. Caiu num orelhão de Goiânia.

Cinco dias depois, em casa ouvindo *Time after time*, magistralmente interpretado por Miles Davis, à meia-luz do abajur da sala, e, sob o olhar atento de minha doce *scottish terrier*. Jeanny, não pude resistir às lágrimas quando terminei de ler as 300 páginas da história que me fora enviada por uma linda voz através de um telefone numa noite chuvosa de dezembro.

— Todos nós somos Orlando Sabino... Todos nós somos loucos.

Isso nunca mais vai sair da minha cabeça. Nem do meu coração.

— Mas, afinal, quem é o homem que matou Jesus Cristo?

Se a memória é fraca, o coração não esquece.

"O Único Condenado É Também o Único Inocente."

— Tudo se manipula, até a fome das pessoas é sistematicamente usada para controlar.

— O poder, do jeito que esse tipo de gente percebe, é um território de vagabundos. Nele se instala, em sua grande maioria, uma espécie que não merece a menor consideração, comedores de consciências, depredadores dos sonhos do povo.

— Não estou sendo político demais? Mas não fazem assim sempre? Será um discurso inócuo dizer que o país está apodrecendo? Como Orlando, no fundo de um manicômio. Inocente e inconveniente. Calado, apático, sem voz, inócuo.

— Nada, nulo, ninguém... Como todos... Não está na hora de uma revolta?

— Pra quê? Todos os mortos virão à tona se o manicômio explodir. Os corpos cheiram lixo, as almas cheiram gás. Tudo se junta, como um cometa viajando pelo espaço, incandescente e brilhante. Mas com um destino inevitável: a colisão.

— É assim que o país está.

— Mas não é assim que o país será.

— O medo afugenta a reação, confunde até a noção do perigo. Certo... Não sou daqueles que põem fogo em tudo...

— Manter o povo quieto, não foi sempre assim?

— O que foi que mudou, de fato, nesses 35 anos?

— Nosso poder de fogo de virar a mesa... Nossa capacidade de ficar indignados...

— Nossos gritos viraram pó... Nós acreditamos demais nos defensores do povo...

— Defensores do quê?...Você já esqueceu que somos apenas protagonistas de um filme?

— Nós ficamos muito mais dependentes. Nós mudamos pra pior. É por isso que não podemos sonhar nada melhor... Desse jeito...

— Orlando, calado e só, no fundo de um manicômio, é a história de uma injustiça. Mas é muito mais que isso. É nosso fundo do poço. Chegamos ao estado péssimo de nós mesmos. Digo isso com profunda tristeza. Não gostaria de constatar essa verdade.

— Só uma reforma total de cada indivíduo vai tornar possível construir uma nova história. Nós precisamos nos virar do avesso.

— Assim temos uma causa para ter esperança...

— Uma reconscientização da sociedade. Nós precisamos nos olhar na cara, todos os dias. Reconstruir nossas vergonhas, repudiar nossos afagos com as desgraças. Nós aceitamos tudo.

— Não aceitar o inaceitável. Não compactuar com as maldades todas que nos cercam o tempo todo.

— O que faremos se somos tão poucos...?

— Se cada um criar uma cultura de pensar seriamente o que faz neste mundo... Para que estamos aqui, afinal? Qual o nosso papel? Qual o nosso compromisso com todas as manifestações da vida? Só assim será possível...

— Nós temos que ter um foco essencial.

— Colocar a verdade na superfície, por exemplo.

— Impedir a injustiça. Fazer a ética vencer.

— Denunciar os manipuladores e rejeitar os mentirosos.

— Uma causa com que sonhar...

— Um objetivo para justificar a própria vida.

— Levantar-se, nem que seja só.

— Os omissos e os ladrões vão, em algum momento, pagar o preço de suas artimanhas e maldades. Assim como aqueles que matam os sonhos dos outros...

— Mas por que ninguém está usando a ousadia?

— Mesmo a indignação está sendo entorpecente... O medo parece vencer...

— A vida dessa forma que a gente vai levando é essencialmente fútil. Nossa fraqueza explica nosso fracasso. Nossa não ação explica nossa inanição.

— Toda essa história nos confunde. Perdemos sim a inocência, mas, pior, perdemos nossa essência. Essa é a maior das maldades. Nós estamos contra nós mesmos.

— Nosso espírito de magia. Onde está nosso céu interior? O que fizemos com nossas vozes e nossas farsas? Nossas perspectivas e nossos horizontes?

— Parece até que nada disso tem a ver com esta história.

— Mas esta é a nossa história. Estamos dentro, não estamos fora.

— A era da arrogância da ignorância. Um péssimo sinal para qualquer futuro.

— Isto tudo provoca dor, medo, solidão, angústia e desespero?

— No fundo de um manicômio ou enterrado num lugar qualquer, Orlando é uma síntese do nosso tempo. Trinta e cinco anos se passaram e nada mudou à sua volta.

— Nós somos os mesmos. Estranhos e evasivos, lerdos, apáticos e tímidos quando se trata de enxergar o outro.

— Ao mesmo tempo, nós somos tudo. Mas cada vez mais sabemos não estar sendo nada.

— Esse é o nosso comportamento atual. Que futuro estamos buscando assim?

— Inexistimos, acuados. Uma tribo solitária e perplexa, jogada no fundo de um manicômio, sobre centenas de corpos transformados em lixo em meio a nuvens de gás e cinzas, pó.

— Enquanto lá fora tocam as mais lindas canções do luar...

— O que mais me preocupa é a enorme tristeza dos lutadores. O silêncio desses nossos dias.

— Os inocentes sempre vão ter que pagar o preço?

344 Carlos Alberto Luppi

— Quando estaremos lúcidos outra vez?

(Silêncio.)

— É como se existissem várias histórias em um mesmo conceito e conteúdo. Elas se interligam, constroem mutuamente uma teia, encontram-se nos fatos e nas pessoas, alimentam-se dos personagens e estes com elas. Incrível e estranho...

— Assim, luzes e sombras se apresentam, cada um no seu *corner*, no seu canto do ringue, para mistificar suas mentiras ou salvaguardar suas verdades. Verdades? O que é isso exatamente?

— Ou de repente juntá-las numa escalada, numa sucessão de acontecimentos que novamente se interconectam e se transformam em mistérios, em momentos complexos da alma, em fins sem fim, ou inícios sem exatamente um começo.

— Tudo poderá ser simplesmente o imaginário, os traumas das passagens por tantas existências, as lembranças de todas as nossas histórias de loucura, as histórias que nossos olhos já viram, as histórias que nossas mentes criaram e constroem a todo instante...

— Ah!, sim, os nossos olhos internos, os incontáveis apertos do coração, as perplexidades do dia a dia. Nós fazemos tudo para nos salvar de tudo...

— Até acreditar em tudo o que nos colocam pela goela abaixo, o poder, o charme, a beleza, as ditaduras da prepotência e da arrogância que nos atacam todos os dias... e nós aceitamos a manipulação desenfreada, o discurso inócuo.

— Criamos com freqüência uma dinastia interna de valores. E ao mesmo tempo uma dinastia hierarquizada de nossas sombras. Elas se arrastam quase como um beco sem saída pela escuridão afora. Nos colocam cara a cara com nossas próprias maldades e nos mostram todos os nossos dilemas. Isto nos angustia? Isto nos deixa indefesos? Isto nos faz enxergar curto e pequeno? Isto nos põe contra nossas próprias paredes? Quem somos nós, afinal? Qual o nosso papel? Que espécie de gente somos nós diante de todas as histórias que nos fazem aceitar pela vida afora?

— Quem não pretende nada, também não consegue resistir a nada...

— Bem, a saída existe apesar do tamanho dos buracos em que nos metemos. E o brilho da luz só aparece quando a Justiça se faz. A justiça consigo mesmo, a justiça com os outros.

— Os malvados estão todos aí reunidos. A mão da maldade é organizada, age e não se intimida, um verdadeiro exército a ocupar a mente e a sensibilidade dos calados.

— A maioria está quieta, calada e só.

— O que será preciso mais para que ela se torne presente e insistente?

— O que na verdade se quer dizer com tudo isso? Qual o real significado dessa história? Culpados, inocentes, manipulados, enganados, sonhadores até?

— Não terá isso tudo um fim? Sabe, um final mesmo, um *"the end"* qualquer, regular, linear. Nem precisa ser um *"the end"* hollywoodiano. Mas um final mesmo, sabe aquele final que não deixa margem a qualquer dúvida? Aquele em que as pessoas chegam a um fim mesmo, os personagens têm suas histórias concluídas, os momentos acabam e assim todas as perplexidades se esvaem quando a história se fecha e o abajur que ilumina o imaginário simplesmente se apaga...

— Isto é medo de provocar frustração? Não ser entendido, ser taxado de louco.

— A mídia geralmente não é delicada... mas tem que ser? Fora da realidade? Invencionice? O que isto tudo importa se não for apenas para a construção de alguma coisa melhor? Vão achincalhar? O que ela fez para corrigir essa injustiça?

— Histórias reais, fatos reais! Mentes reais! Sofrimentos reais! Crimes reais! Manipulações reais! Descasos reais! Gente que não está nem aí!

— Por que estaria? Esconder é insensato, mas já se passaram tantos anos... Por que a verdade vir a tona só agora? O governo não sabe? Os defensores dos direitos não sabem? Os advogados? As entidades criadas para denunciar as farsas não dizem nada? E os democratas que dizem

346 CARLOS ALBERTO LUPPI

defender o povo não agem? O Congresso, os palácios, as associações, os sindicatos, as academias de intelectuais, os organismos internacionais, ninguém diz nada?

— Os personagens existem? Eles estão querendo dizer o quê exatamente?

— Por exemplo... onde está Beatriz?

— E o caçador, vai dizer...

— Você não perguntou por Orlando...

— O telefone do manicômio toca pelo menos uma vez por mês...

— Você quer saber se ele já morreu finalmente?

— Só assim você terá o seu *the end*.

— A secretária, sempre muito gentil e solícita, parece saída de um colégio de freiras. Eu a escuto saltitando pelo corredor do manicômio dizendo "Pera aí, vou ver". Depois ela volta, simpática, e diz, em alto e bom som, uma espécie de orgulho na voz: "Não, não morreu. ESTE Orlando é duro de morrer, hein? Está apagando, mas não morre!"

— Se ele não morreu, não tem final, então... fica assim?

— Assim como um vácuo, uma espada apontada no escuro, um vazio no coração.

— Sonhos vadios a perambular pelos buracos negros da consciência.Um feixe de energia a oscilar entre verdades e mentiras, entre a farsa e a crueldade, entre todos os nossos nós, nus.

— Simplesmente a gente não sabe o que fazer com tudo isso, vagando em busca de um final, preocupados em condenar alguém, ter que dar respostas à sociedade que geralmente não sabe lidar com a verdade, geralmente se mantém calada e cansada diante dela.

— Mas nós somos aqui seus representantes, esta é a nossa missão profissional. Chegar a um final, condenar os culpados, apresentar os fatos, mesmo que isso se torne apenas mais uma história na gaveta do esquecimento.

— Está todo mundo pensando em si mesmo... é um caos.

DINASTIA DAS SOMBRAS   347

— Um verniz de verdade pode açodar um milhão de consciências... é questão de acreditar!

— Será mesmo? Ora, mas o que é o final? Não está tudo no seu devido lugar?

— Eu falo de vidas, não de formatos, quanto a estes eu me calo, deixo os entendidos falarem. Será que as pessoas têm que se conformar com uma história sem final?

— É verdade que as vidas estão todas aí. Uma espécie de bem infinito e o infinito nunca acaba. Uma vida mesmo permanece no ar em todas as formas de existência. Não se perde com o tempo, nem com a falta de memória.

— Insisto numa conclusão, na existência de um fim.

— Se cada um construir o seu final, todos terão uma grande história para contar. A sua própria história... A história de suas próprias dinastias de luzes e sombras. Mesmo que a história seja o fiel retrato, o espelho do imaginário de cada um. Cada um terá que lidar com seus estranhos e desconexos mundos, de caçadores e fantasmas, lidar com suas próprias esperanças de vencer a escuridão. Ou se entregar, dobrar os joelhos diante delas.

— A luz é também o seu contrário, assim é que dizem.

— Julgue você. Faça sua própria leitura de tudo. Vá além dos processos, ultrapasse o que está escrito. Se autodesafie a compreender o que parece inexplicável, a tornar possível o que você enxerga como impossível...

— Eu não sei lidar com todo este silêncio. Todas as minhas estratégias de segurança máxima caíram por terra. Confesso que estou perplexo...

— A gente não deve carregar no colo nossa própria prepotência.

— Acho que os loucos aqui somos nós. Já não temos fatos suficientes?

— Já não temos crimes demais? Já não temos silêncios demais? Um final? O que seria um final desejável?

— Pelo menos um final razoável? Liberdade de todas as consciências?

— Lord Acton diz que a liberdade não é o poder de fazer o que queremos, mas o direito de ser capaz de fazer o que devemos. Mesmo que seja um final.

348 CARLOS ALBERTO LUPPI

— Assim tudo se justifica e todas as consciências ficam livres.E todo o mal passa a ser consentido, quase adorável... Ninguém pode concordar com isso... Ou pode? Não, absolutamente não... Estamos perdidos, mas quem não está?

— O fim exato é uma equação matemática, mesmo assim, estou em dúvida, porque todas as possibilidades existem, são absolutamente sem limites.

— E se, por exemplo, Orlando viver até os 100 anos, mesmo dentro de um manicômio e inocente? A história vai ficar sem final?

— O que existe atrás das máscaras, do invisível, da energia do inacreditável?

— O fim é a angústia do silêncio de não ter o que falar. A enorme vergonha de ter medo. Não se manifestar. A covardia, as sombras... Deixar como está. Desinteressar-se pela justiça.

— Em toda esta história, já existe um condenado. Isto pode ser um fim aceitável.

— Ironia. O único condenado é também o único inocente.

— ...

* * *

"...O ar-condicionado da sala incomoda o vizinho de baixo. Estes pingos batendo lentamente. E o rapaz sofrendo. É isso, agora. Colocar aquela mangueirinha para desviar a água que sai do aparelho. Providência simples. Mas este diálogo na madrugada espanta o sono, não a preocupação. O prédio quieto, luzes arrefecidas, calor de verão. Incômodo danado.Um certo clima de não sei o quê. Esta cidade violenta, este país estranho e mentiroso. Estes governos de manipuladores e covardes, agindo nas sombras.

Quando percebo folhas caídas no chão, assim sem mais nem menos, de repente, o maço de cigarros também, posso imaginar coisas estranhas nesta casa..."

— E todos querem ainda um final... final? Que fim queremos dar a esta história?

DINASTIA DAS SOMBRAS 349

"...Levanto-me, estou com sede. Quase mecanicamente, me empurram as circunstâncias, que vontade mesmo há pouca. O interruptor não funciona, a geladeira está desligada. O copo que pego se quebra. Por que será que até a luz do banheiro resolveu ficar estranha, não funciona? Não desliga, simplesmente não desliga, nem com um murro.

A luz do abajur está diferente e esta sala na penumbra quase me faz chorar. O som, ah, o som. Esta canção saindo do fundo das paredes. Das entranhas do prédio. Baixinho, depois mais alto. Não, não fui eu quem ligou. Toca "Gealach abachaidh na eorna". Uma canção celta. "A lua que amadurece a cevada." Triste. Me lembro de muitas coisas, quase não tenho agora como relatar o que acontece. Ouço vozes, uma espécie de segundo plano do silêncio.

E esta luz dourada que pisca lentamente, saída do lustre de cristal do século XIX. Mais folhas no chão do corredor, e as flores saídas do vaso chinês voando como pássaros. Ilusão de ótica, imaginação... Ou... Será?..."

— Está beirando a obsessão!

— Você quer dizer coisa de maluco? O que há com você?... Deixa pra lá...

— Orlando Sem Nome... Orlando Sem Fim...

— Preso, abandonado, só. Nem história direito deu.

— Nem os ativistas de direitos se interessaram, nem a igreja, nem as religiões...

— Terá a vida de uns mais importância, mais valor que a vida de outros?

— Não será ele um final em si mesmo? Onde foi colocado é onde ficou. Ficou para sempre, para nunca mais sair. Para nunca mais falar. Para nunca mais sorrir.

— Você imaginaria um outro final para ele?...

* * *

"...Tem alguém nesta casa... as coisas não podem ser tão estranhas assim... agora é a minha tela plana desligada, de repente... A sala, quase escura,

350 CARLOS ALBERTO LUPPI

*emudeceu. O diálogo do filme da madrugada ficou cortado, parado no ar...
assim, abruptamente. Um copião em DVD da história de Orlando que mandaram para eu ver...* Dinastia das Sombras."

"*...Não estou absolutamente com medo. Certamente não devo ter obser-
vado a chave girar na porta. Este ar-condicionado, a preocupação com o vizinho de baixo, o filme, a história, o diálogo dos advogados do Ministério Público
no copião, varando a madrugada... a canção celta, uma canção da lua... outro
copo que se quebra, o espelho da sala partindo-se em dois... um frio danado no
corredor. E eu não estou só, aqui.*"

"*...Eu sei que esse é um momento crucial. Ele sempre chega quando se
quer construir o Belo, o Benefício e o Bem. Realizar coisas bonitas, marcantes,
eternas, gerar benefícios para si e para os outros e promover mudanças que
tornem a vida, o mundo melhor. Contra isso, a escuridão. A oposição da
Prepotência, da Arrogância e da Estupidez. Será sempre assim. Vou ter que
encarar...*"

"*...Este é o grande drama. O grande embate humano.*"

"*...Eu me convenço cada dia mais de que a luta do Bem contra o Mal é
um confronto acirrado entre estas forças. Elas se contrapõem mas coexistem
no interior das pessoas e se refletem no lado visível da vida, o tempo todo. A
hora deste confronto chegou aqui bem dentro de minha casa, diante de meu
espelho, minhas verdades e mentiras, minhas luzes e sombras. Uma luta da
qual não posso fugir. Muito pior do que todas as outras que pude enfrentar.*"

"*...Eu me preparei para isso. Sei que a vitória depende de mim, de toda a
energia interna que eu possa reunir. Decididamente, as forças da Prepotência,
e da Estupidez não vão prevalecer!!!*"

"...O que acontece comigo, afinal? Estou de que lado? Quem é que entrou aqui? Diante da perseguição, eu não posso chorar. Tenho que ir em frente. Eu não posso ter medo."

"...Estou diante do espelho do meu banheiro, agora... 'Gealach abachaidh na eorna' invade minha alma. Não sei por que eu tento imaginar como era meu pai. Minha mãe... qual o motivo real de seu assassinato? Eu queria muito que ela estivesse aqui neste momento. Estou diante de um confronto e eu não quero morrer. Um conflito e eu tenho que sobreviver."

"...Uma canção triste. Ela lembra a lua dos celtas. Uma lua enorme, muito amarela, que dilacera o coração."

"...Ela entra por dentro de mim. Tudo pode acontecer. Todas as possibilidades estão abertas. Eu sou a caça! Mas não serei a vítima!"

"...Por um dos cantos do espelho eu posso imaginar quem é o meu maior inimigo, agora...!"

* * *

A fotógrafa Beatriz está desaparecida. A última notícia que se tem dela é uma fita gravada, encontrada na sapateira atrás da porta do banheiro de seu apartamento, no final de novembro de 2005. Desde então, não há sinal de seu paradeiro. Não se sabe se morreu ou se está em algum lugar. Alguns policiais afirmam que naquela noite Beatriz foi seqüestrada. Há algumas evidências disso, segundo eles.

O dossiê de sua história deixado no guarda-volumes do aeroporto do Galeão está inconcluso. A fita mostra barulhos estranhos, a voz baixa da gravação foi abruptamente interrompida. Ao fundo, a triste canção celta da grande lua cheia, amarelada, também está cortada. Quem conhece Beatriz e sua jornada assegura que ela jamais se deteria diante de qualquer obstáculo e nunca iria se amedrontar diante de ameaças.

Quando a polícia chegou a seu apartamento, ele estava impecavelmente limpo, sem qualquer sinal de violência. Tudo no seu devido lugar. Parecia até que a moradora estava viajando. É bem verdade que isso só aconteceu quatro noites depois, quando o porteiro do prédio tocou, insistentemente, o interfone, a pedido de uma amiga de Beatriz.

Não teve resposta. Subiram ambos ao apartamento. A porta estava escancarada. Tudo em ordem. Os fios do telefone e os cabos da tevê, desconectados, aparentemente não significavam coisa alguma. E também não havia nenhum DVD ali. A única exceção, talvez, poderia ser uma echarpe vermelha com um nó apertado e uma mistura de cheiros estranhos, jogado no chão do quarto principal. Descobriu-se, também ali, alguns resíduos de urucum com folhas secas.

Mais perto da janela aberta, naquela noite, a tela plana parecia um espelho. A temperatura estava bastante agradável. E a lua já ia alto. Cheia.

No Rastro de Luiza, a Lua
Vaga Cheia de Si

Na sala ainda escura, aplausos.

Legendas e créditos se misturam à lua amarela solta no ar da tela.

Uma imagem sobreposta. Um rosto sorridente. Congelado.

É Lucas, o Orlando Sem Nome, o Orlando Sabino do filme *Dinastia das Sombras* que acaba de ser lançado no circuito.

A canção celta da lua cheia percorre esta sensação de vazio no fim do mundo.

Aplausos, a emoção da homenagem póstuma.

O ator, jovem ainda, morreu vítima de atropelamento em circunstâncias misteriosas, logo após o término das filmagens, ao visitar a mãe adotiva no interior de São Paulo.

Não se passaram seis meses do desaparecimento de Beatriz Antônio.

* * *

Em *flashback*, tudo se dá no início de uma madrugada de outono.

Bem quando ventos e pássaros noturnos, folhas e galhos caídos de árvores centenárias, o tempo sem começo e sem fim, o titubeio das sombras e a densidade da amargura incomodam e enchem o cenário azul profundo.

A lua já patina pelo mundo real. Estranha personagem deste tipo de momento. Pelos céus e pela delicadeza da imaginação. Entre as montanhas, as verdades e as mentiras, a sofreguidão, as enganações e a alucinação.

A temperatura incomum: 9 graus.

Lucas de volta de uma reunião com amigos de infância.

Na rua vazia, de cara com o inesperado. Trinta e quatro anos. Afinal, o que é um ator? O que ele se torna quando representa? Que tipo de justiça ele pode fazer? No asfalto, uma agonia atônita de fazer chorar e reclamar por tamanha impiedade dos deuses.

Assim, sem mais nem menos, uma Mercedes azul-marinho na contramão. Um grito no abandono da noite. E ainda dois tiros que erram o alvo e acertam a árvore mais próxima.

A mãe adotiva na janela percebendo o quase inacreditável. Um rasgo no asfalto.

Marcas e sombras para sempre.

Luiza sempre achou insuportável imaginar que seu pai tenha sido amante da mãe da fotógrafa Beatriz Antônio.

Convivia com essa angústia que lhe despertava os piores sentimentos.

Mas, só recentemente descobrira em Lucas o irmão que seu pai nunca revelara existir, filho do coronel Edgard Felinto com a amante Sheila — também mãe de Beatriz — dos tempos da caçada ao Monstro do Triângulo e da operação antiguerrilha na divisa de Minas e Goiás.

Nascido em 1972, o menino fora entregue pela polícia, a mando do coronel, a uma senhora no interior de São Paulo, escolhida a dedo pelas forças de segurança. Jucyara, seu nome, mãe adotiva de Lucas.

O ator morrera sem saber que o coronel era sim seu pai. Mas sonhava em encontrar Beatriz, que identificara como irmã apenas três dias antes de ser morto, graças a uma revelação de Jucyara.

Nessa noite de outono, a quarta da lua cheia, isso quase não tem importância alguma.

Mas Luiza está em cena.

Quer, também, desmemoriar essa parte do passado. O atropelamento de Lucas não é por acaso, é claro.

O ator na rua, morto, sorrindo para a poderosa irmã no banco de trás de uma Mercedes azul que passa em velocidade máxima.

Ninguém melhor do que um artista para mostrar a verdade e denunciar as sombras.

No chão, os olhos pretos iluminados, jóias de rara preciosidade, mergulham na vastidão do pensamento e exibem a silhueta de uma protagonista conhecida.

A lua, sempre ela, tece véus de ironia com quem gosta de sonhar. Percorre uma longa jornada pelos buracos da memória. Apresenta seu lado mais oculto, obscuro e inquieto. E também injusto.

Agora, e aqui, nesta madrugada, a mesma lua que mexe com os nervos do manicômio de Orlando Sabino cheirando a gás e à beira de uma explosão, adensa as impressões e as esperanças de um olhar perdido a penetrar a aurora em um recanto qualquer na manhã do mundo.

Pode ser que nada mude. Tudo vai continuar absolutamente igual. E até mesmo o sol pode permanecer disperso e difuso por entre as sombras. Será sempre lamentável que assim seja. Mas não será.

Essa última lua cheia de outono não tem qualquer benevolência. Nem complacência.

Apesar de tudo, ela não é capaz de esconder o que precisa ser revelado.

Essa noite, no rastro de Luiza, ela vaga cheia de si.

FIM

SOBRE O AUTOR

Carlos Alberto Luppi, jornalista, roteirista e profissional de criação, publicidade, marketing promocional e planejamento estratégico de comunicação. Foi repórter especial dos principais jornais do país, autor dos livros *O massacre do menor no Brasil/Agora e na hora de nossa morte*, *Malditos frutos do nosso ventre*, *Araceli, corrupção em sociedade*, *A cidade está com medo* (em parceria com Técio Lins e Silva), *Manoel Fiel Filho, quem vai pagar por este crime?* e *Um partido chamado coragem*.

Ganhou dois prêmios Vladimir Herzog de Direitos Humanos, é o único brasileiro a ganhar o prêmio internacional Jock Elliot pelo conjunto de reportagens que denunciam a péssima situação da infância brasileira entre 1980 e 1995. Vencedor do Maeda Prize — 1997, da Japan Broadcasting Corporation (prêmio internacional de Programas Educacionais do Japão) pelo roteiro do documentário *Dream Girl*, produzido pela Rio TVA, para a Radio e TV da Dinamarca; co-autor da série de reportagens ganhadora do Prêmio Esso de 1980 e vencedor de 28 prêmios de criação e marketing promocional no mercado brasileiro. É consultor do Movimento em Defesa da Criança e do Adolescente/OAB/São Paulo, entidade pioneira no Brasil no cuidado de crianças e jovens vítimas de violência doméstica, presidida pela advogada Lia Junqueira.

Este livro foi composto na tipologia Galliard
BT, em corpo 11/16, e impresso em papel off-
white 80g/m², no Sistema Cameron da Divisão
Gráfica da Distribuidora Record.

Seja um Leitor Preferencial Record
e receba informações sobre nossos lançamentos.
Escreva para
RP Record
Caixa Postal 23.052
Rio de Janeiro, RJ – CEP 20922-970
dando seu nome e endereço
e tenha acesso a nossas ofertas especiais.

Válido somente no Brasil.

Ou visite a nossa *home page*:
http://www.record.com.br